Alfons Schuhbecks

Feinschmeckerei

INHALT

Gönnts Euch doch was!

Konditorei, Metzgerei, Bäckerei, Kaffeerösterei, Weinkellerei. Es gibt so viele Orte, an denen es uns schmeckt. Und ab sofort gibt es auch noch meine Feinschmeckerei. Ein Ort, an dem der gute Geschmack tatsächlich daheim ist. Hier serviere ich Ihnen raffinierte Hausmannskost für echte Genießer – von Hand gemacht in meiner Manufaktur. Mit viel Gefühl und Respekt.

Denn das Wichtigste beim Kochen ist der Respekt vor den Zutaten. Zum Beispiel vor dem Fett. Früher hat man es viel zu heiß gemacht und damit alle guten Stoffe verbrannt. Braten Sie mit wenig Fett an und geben Sie Butter, Olivenöl oder Pesto erst ganz zum Schluss dazu! Als Geschmacksträger. Das Gleiche gilt für die Gewürze. Wenn sie zu lange mitschmoren, verlieren sie ihr Aroma und ihre Kraft. Und damit auch ihre gesundheitliche Wirkung.

Moderne Küche heißt: nicht alles zusammen in einen Topf schmeißen. Alle Rezeptkomponenten einzeln garen. Nur so werden sie perfekt und behalten ihren ganz eigenen Geschmack. In meiner Feinschmeckerei geht der Trend zur leichten, fröhlichen und geschmackvollen Küche, die auf dem Teller schön aussieht. Und natürlich soll Essen auch gut für unseren Körper sein. Das ist ja die Kunst: Das Gesunde zu erhalten und so gut zu kochen, dass man ein gesundes Gericht auch gerne essen mag.

Genuss heißt nicht immer Hummer und Gänseleber. Es sind doch die vielen kleinen Dinge, die Spaß machen. Heute vielleicht ein Wurstsalat, morgen Kartoffelmaultaschen oder ein Hendl auf Grillgemüse. Wichtig ist, dass man sich auf was freut, sich fallen lässt und einfach sagt: Heute gönne ich mir was.

Und ich gönne Ihnen jetzt viel Spaß mit meinen Rezepten – direkt aus meiner Feinschmeckerei. Original, echt und vor allem gschmackig.

Ihr Alfons Schuhbeck

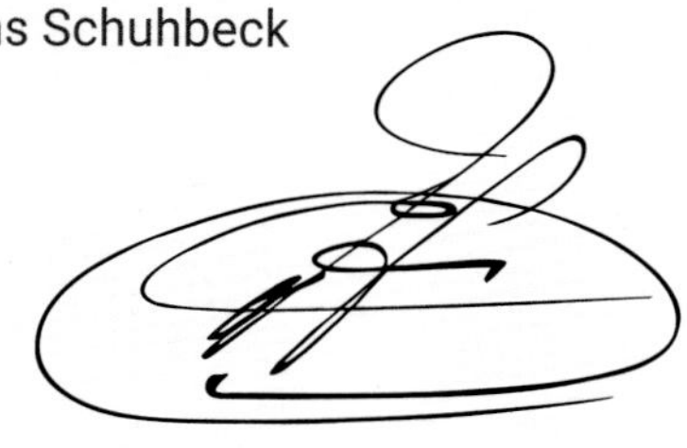

A. Schuhbeck

VORSPEISEN UND SALATE

Gefülltes Bauernbrot mit Rührei

4 PERSONEN

FÜR DAS BROT

80 g Toast- oder Tramezzinibrot
100 ml Milch
½ Zwiebel
1 Msp. frisch geriebener Ingwer
2 Eier
2 TL scharfer Senf
Pfeffer aus der Mühle
mildes Chilisalz
frisch geriebene Muskatnuss
abgeriebene Schale von ½ unbehandelten Zitrone
250 g Kalbshackfleisch
250 g Schweinehackfleisch
getrockneter Majoran
1 EL Petersilienblätter (frisch geschnitten)
4 dünne Scheiben Bauernbrot
Öl zum Braten

FÜR DAS RÜHREI

1 TL Butter • 8 Eier
5 EL warme braune Butter (siehe Tipp)
mildes Chilisalz
Pfeffer aus der Mühle

AUSSERDEM

einige Mini-Basilikumspitzen
4 Cocktailtomaten (halbiert)

1 Für das Brot das Toast- oder Tramezzinibrot in Würfel schneiden und in einer Schüssel in der Milch einweichen. Die Zwiebel schälen, in sehr feine Würfel schneiden und in einer Pfanne mit 100 ml Wasser weich garen, bis die Flüssigkeit eingekocht ist. Anschließend vom Herd nehmen und den Ingwer hinzufügen.

2 Die Eier mit Senf, etwas Pfeffer, Chilisalz, 1 Prise Muskatnuss und Zitronenschale verquirlen. Beide Hackfleischsorten mit dem eingeweichten Brot, den verquirlten Eiern, den Zwiebelwürfeln, 1 Prise Majoran und der Petersilie kompakt mischen. Die Brotscheiben halbieren und jeweils eine Hälfte mit der Hackmasse etwa 1 cm dick hoch bestreichen. Die übrigen Brothälften darauflegen und leicht andrücken.

3 In einer großen Pfanne 1 EL Öl erhitzen und die Brotscheiben darin auf beiden Seiten goldbraun rösten, dabei sollen sie innen vollständig durchgaren. Herausnehmen und auf Küchenpapier abtropfen lassen, warm halten.

4 Für das Rührei eine große Pfanne bei milder Temperatur erhitzen und die Butter mit einem Pinsel darin verstreichen. Die Eier mit der braunen Butter in einem hohen Rührbecher mit dem Stabmixer aufschäumen. Die Masse in die Pfanne gießen und darin so lange ziehen lassen, bis das Rührei langsam stockt. Dabei mit einem Teigschaber vorsichtig hin- und herbewegen. Vom Herd nehmen, mit Chilisalz und Pfeffer würzen.

5 Zum Servieren jeweils ein gefülltes Brot auf vorgewärmte Teller legen und ein Viertel des Rühreis daraufsetzen. Mit Mini-Basilikum und halbierten Tomaten garnieren.

Tipp

Braune Butter, auch Nussbutter genannt, können Sie leicht selbst herstellen: einfach die gewünschte Menge Butter in einem kleinen Topf bei mittlerer Hitze langsam erwärmen, bis sie goldbraun ist und ein nussiges Aroma hat. Durch ein mit Küchenpapier ausgelegtes Sieb gießen und abkühlen lassen. Zugedeckt hält sich braune Butter im Kühlschrank mehrere Wochen – sie wird dabei fest wie Butterschmalz, lässt sich aber jederzeit durch Erwärmen wieder verflüssigen.

Unser täglich Brot

Schwarz-Rot-Brot: Beim Brotbacken sind die Deutschen Weltmeister. Nirgendwo sonst gibt es so viele Sorten wie hierzulande. Über 3200 Sorten haben die Bäcker in ihrem Brotregister aufgenommen. Bei den Katholiken hat das Brot einen Ehrenplatz im wichtigsten Gebet, dem Vaterunser. Und in der deutschen Sprache geht es auch nicht ohne Brot: In der Not schmeckt jedes Brot, sagt man zum Beispiel. Oder: Man verdient sich sein Brot. Wenn der Lohn nicht reicht, dann braucht man noch ein Zubrot. Und wenn man zu viel Geld hat? Ja, dann gibt es sofort den Brotneid. Typisch deutsch! So wie das Brot.

Semmel und nicht Schrippe

Pfennigmuckerl, Schusterbuam, Maurersemmeln – in Bayern ist eine Semmel eine echte Spezialität und vor allem kein Brötchen oder gar eine Schrippe. Immer mehr Bäcker entdecken auch die alten Sorten wieder, eine Art kulinarische Gegenbewegung zu den Backshops. In seine Semmel packt der Bayer alles, was ihm lieb ist und schmeckt. Von der Wurst über den Leberkäs sogar bis hin zum Schweinsbraten.

Um mit dem Adel mitzuhalten, „vergoldeten" die kleinen Leute ihre Speisen mit Brotpanade.

Der Bäcker als Schlitzohr

Erst im späten Mittelalter spielte Brot bei der Ernährung der Bevölkerung eine große Rolle. Vorher aß man Brei, das war billiger. Die steigende Bedeutung von Brot verführte so manchen Bäcker dazu, minderwertige Ware herzustellen, oder er buk einfach kleinere Brötchen. Aber zum gleichen Preis. Das finstere Mittelalter kannte dafür empfindliche, um nicht zu sagen grausame Strafen. Entweder tauchte man den schuldigen Bäcker dann in Jauche oder in den Fluss. Zynisch wurde das als Taufe bezeichnet. Oder man nagelte sein Ohrläppchen an die Kirchentür. Eine echte Zerreißprobe. Denn nach der Befreiung aus der misslichen Lage war das Ohr dann meistens geschlitzt. Manche Sprachforscher behaupten, dass daher auch der Ausdruck „Schlitzohr“ kommt.

Brotzeit ist die schönste Zeit

Sogar eine eigene Uhrzeit gibt es fürs Brot – die Brotzeit. Allerdings nur in dem Bundesland, in dem die Uhren bekanntermaßen anders gehen als im Rest der Republik: im Freistaat Bayern. Dort fängt die Brotzeit kurz nach dem Frühstück an und hört knapp vor dem Mittagessen auf. Fängt aber danach gleich wieder an – bis zum Abendmahl. Brotzeiteln kann man eigentlich immer und überall: beim Picknick auf dem Gipfel, bei einer kühlen Maß Bier unter Kastanien. Brotzeit ist für Bayern einfach die schönste Zeit, weil einem, wie ein bekanntes Volkslied mehr schlecht als recht reimt, dann die Arbeit wieder freut.

Gebackene Erbsennockerl auf Gurken-Minz-Joghurt

4 PERSONEN
(16–20 NOCKERL)
FÜR DIE NOCKERL

50 g feiner Bulgur
125 ml Hühnerbrühe
200 g tiefgekühlte Erbsen (aufgetaut)
1 EL Speisestärke (ca. 12 g)
½ TL Garam Masala (indische Gewürzmischung)
mildes Chilisalz
1 EL Koriandergrün (mit Stielen; frisch geschnitten)
Öl zum Frittieren

FÜR DEN JOGHURT

½ kleine Salatgurke
150 g griech. Joghurt (10 % Fett)
½ fein geriebene Knoblauchzehe
¼ TL fein geriebener Ingwer
1 Spritzer Limettensaft
abgeriebene Schale von ½ unbehandelten Limette
1 TL Minzeblätter (frisch geschnitten)
mildes Chilisalz

1 Für die Nockerl den Bulgur in einem Sieb unter fließendem kaltem Wasser so lange waschen, bis dieses klar abläuft. Den Bulgur mit der Brühe in einem kleinen Topf einmal aufkochen, ein Blatt Backpapier darauflegen und den Bulger knapp unter dem Siedepunkt etwa 10 Minuten ziehen lassen. Dann vom Herd nehmen und abkühlen lassen.

2 Erbsen, Bulgur und Speisestärke in den Blitzhacker geben. Garam Masala und etwas Chilisalz hinzufügen und alles nicht zu fein pürieren. Das Koriandergrün dazugeben und untermixen. Danach alles mindestens 10 Minuten quellen lassen.

3 Inzwischen für den Joghurt die Gurke putzen, waschen und in etwa 4 mm kleine Würfel schneiden, dabei die Kerne entfernen. Den Joghurt mit Knoblauch, Ingwer, Limettensaft und -schale glatt rühren. Dann Gurkenwürfel und Minze unterrühren und den Dip mit Chilisalz würzen.

4 Zum Ausbacken reichlich Öl in einem großen Topf oder einer Fritteuse auf 170 °C erhitzen. Mit zwei Esslöffeln aus der Erbsenmasse Nockerl formen und im heißen Fett goldbraun backen. Herausnehmen und auf Küchenpapier abtropfen lassen.

5 Zum Servieren die Erbsennockerl auf vorgewärmten kleinen Tellern anrichten und den Dip darum herumträufeln. Nach Belieben mit Minzespitzen oder Korianderblättern garnieren.

Tipp

Eines meiner in den meisten Rezepten verwendeten Gewürze – das milde Chilisalz – können Sie zu Hause ganz leicht selbst herstellen: einfach 1 EL feines Meersalz mit 1 gestrichenem TL milden Chiliflocken (am besten ohne Kerne) mischen.

Matjes auf Apfel-Curry-Rahm

4 PERSONEN

FÜR DIE KARTOFFELN

6 festkochende Mini-Kartoffeln
Salz • ½–1 TL Öl
1 halbierte Knoblauchzehe
1 Zweig Rosmarin
mildes Chilisalz

FÜR DEN CURRYRAHM

1 geh. TL mildes Currypulver
3 EL Gemüsebrühe
250 g griech. Joghurt (10 % Fett)
mildes Chilisalz • Zucker
je 1 TL Dillspitzen, Kerbel- und Petersilienblätter (frisch geschnitten)
1 Msp. abgeriebene unbehandelte Limettenschale
½ säuerlicher Apfel (z. B. Elstar)
1 Gewürzgurke
2 Frühlingszwiebeln

AUSSERDEM

4 Matjesfilets (à ca. 70 g)
einige Kerbelblätter zum Garnieren

1 Die Kartoffeln waschen, schälen und halbieren. Dann in einem Topf in Salzwasser etwa 15 Minuten weich garen, abgießen, kurz ausdampfen und abkühlen lassen.

2 Für den Curryrahm das Currypulver in einem kleinen Topf in der Brühe vorsichtig erwärmen. Den Joghurt mit der Currybrühe in einer Schüssel glatt rühren. Mit Chilisalz und 1 Prise Zucker kräftig abschmecken. Die Kräuter und die Limettenschale unterrühren.

3 Die Apfelhälfte waschen, halbieren und das Kerngehäuse entfernen. Die Apfelviertel in maximal ½ cm dicke Scheiben schneiden. Die Gewürzgurke längs vierteln und quer in etwa ½ cm breite Stücke schneiden. Die Frühlingszwiebeln putzen, waschen und in dünne Ringe schneiden.

4 Die Matjesfilets trocken tupfen und in etwa 2½ cm breite Stücke schneiden. Apfel und Gewürzgurke mit den Frühlingszwiebelringen unter den Curryrahm rühren. Alles nochmals abschmecken.

5 Eine Pfanne bei mittlerer Temperatur erhitzen, das Öl mit einem Pinsel darin verstreichen und die Kartoffeln anbraten. Nach wenigen Minuten Knoblauch und gewaschenen Rosmarinzweig dazugeben und mitbraten. Zuletzt mit Chilisalz würzen.

6 Zum Servieren den Apfel-Curry-Rahm auf Teller verteilen und die Kartoffelhälften danebenlegen. Die Matjesstücke daraufsetzen und alles mit Kerbelblättern garnieren.

Messer und Gabel

Die Geschichte des Bestecks fängt nicht bei Adam und Eva an – sondern bei Messer und Gabel. Eine scharfe Klinge hat man schon in der Steinzeit geschätzt: zum Jagen und zum Zerteilen der Speisen. Die Gabel ist erst viel später dazugekommen. So um 1100 nach Christi Geburt. Genauso alt wie das Messer dürfte der Löffel sein. Sein Vorbild ist eine schöpfende Hand. Das Wort „Löffel" kommt vom mittelhochdeutschen „laffen", was so viel wie schlürfen heißt. Gegessen hat man im Mittelalter am liebsten mit dem eigenen Holzlöffel. Wenn man ihn dann abgeben musste, hatte man ausgeschlürft. Final!

Knödelwürger

Die Bayern sind anders – auch beim Besteck. Denn nur hier und im angrenzenden Alpenraum gab es den sogenannten Knödelwürger. Ein dolchartig gebogenes Messer, mit dem man einen Knödel und ein Stück Fleisch gleichzeitig aufspießen konnte. Ein echtes Privileg, das nur den Großkopferten zustand. Der Rest musste die Suppe auslöffeln oder gleich mit den Fingern essen.

Geschichte des Messers

Dass die Menschheit aufrecht gehen kann, verdankt sie dem Messer. Erst durch diese Erfindung konnte sich unser Ururururahn vom reinen Pflanzenfresser zum Allesfresser entwickeln. Anfangs bestanden die Messer aus Stein, später aus Kupfer, Bronze und Eisen. Bis zum Mittelalter waren sie vorn ganz spitz. Damit man sie auch zum Aufspießen benutzen konnte. Erst der französische König Louis XIV. ließ sie verbieten. Zu oft endeten Streitereien beim Essen nicht nur hand-, sondern auch stichfest. Besonders wichtig ist ein gutes und scharfes Messer in der Küche. Denn jeder Koch will auch ein guter Aufschneider sein.

Bloß nicht den Löffel abgeben

Der Skandal um die Gabel

Als letztes Mitglied gesellte sich die Gabel vor rund 200 Jahren an unseren Tellerrand. Dabei gibt es sie schon seit knapp 1000 Jahren. Angeblich kam sie zusammen mit der byzantinischen Prinzessin Argillo nach Venedig, wo diese ein Mitglied der Dogenfamilie heiratete. Die Dame war auch für damalige Verhältnisse schon ein Ausbund an Extravaganz. Angeblich badete sie nur in Tauwasser und das Essen nahm sie mit einem zweizinkigen Goldgäbelchen zu sich. Aber erst, nachdem das Essen von Eunuchen in kleine Stücke geschnitten worden war. Am venezianischen Hof sorgte das für einen handfesten Skandal, von dem sich die Gabel jahrhundertelang nicht erholen sollte. Hildegard von Bingen verdammte sie gar als Teufelswerk, Martin Luther verachtete sie. Das muss man sich mal auf der Zunge zergehen lassen: Gabelbissen für Gabelbissen!

Nur jeder sechste Mensch isst mit Messer und Gabel, der Rest nimmt Stäbchen oder die Finger.

Rindertatar mit Wachtelei

1 Für das Tatar das Rindfleisch durch den Fleischwolf drehen (ersatzweise in sehr feine Würfel schneiden). Die Schalotte schälen und in feine Würfel schneiden. Die Sardellenfilets trocken tupfen und mit den Kapern und der Gewürzgurke in feine Würfel schneiden.

2 Das Fleisch mit Schalotte, Sardellen, Kapern, Gewürzgurke, Ketchup, Senf und Paprikapulver mischen. Das Tatar mit Chilisalz sowie 1 Prise Zucker würzen und zuletzt das Olivenöl untermischen.

3 Die Wachteleier in kochendem Wasser etwa 3 Minuten hart kochen. Danach kalt abschrecken, pellen und halbieren. Die Tomaten waschen und halbieren. Die Brotscheiben in einer Pfanne ohne Fett auf beiden Seiten rösten.

4 Zum Servieren jeweils einen Anrichtering (6 bis 8 cm Durchmesser) mittig auf einen Teller setzen. Das Tatar nochmals abschmecken, ein Viertel davon in den Ring füllen, glatt streichen und den Ring abziehen. Das restliche Tatar ebenso auf Tellern anrichten. Je 1 Wachtelei (beide Hälften) daraufsetzen, 1 Brotscheibe danebenlegen und mit Kapernäpfeln und Tomaten garnieren.

Tipp

Ein Tatar aus Fleisch oder Fisch sollte immer so frisch wie möglich verzehrt werden. Wenn Sie es dennoch ein paar Stunden vor dem Essen zubereiten möchten, stellen Sie es zwischendurch am besten abgedeckt in den Kühlschrank. Zum Servieren dann nochmals abschmecken, da der Geschmack beim Lagern nachlässt.

4 PERSONEN

FÜR DAS TATAR

500 g mageres Rindfleisch (aus der Oberschale)
1 Schalotte
3 Sardellenfilets (in Öl)
1 TL Kapern
1 kleine Gewürzgurke
2 TL Tomatenketchup
1 TL Dijon-Senf
1 Msp. edelsüßes Paprikapulver
mildes Chilisalz
Zucker
2 EL mildes Olivenöl

AUSSERDEM

4 Wachteleier
2 Cocktailtomaten
4 sehr dünne Scheiben Bauernbrot
4 kleine Kapernäpfel

Bratkartoffel-Salat mit Wiener Würstel und Roastbeef

4 PERSONEN

FÜR DAS ROASTBEEF

1 TL Öl • 500 g Rinderrücken
40 g braune Butter (siehe Seite 8)
5 Kardamomkapseln (angedrückt)
3 cm Vanilleschote
1 Knoblauchzehe (in Scheiben)
4 Scheiben Ingwer
je ½ TL Fenchelsamen und Korianderkörner
2 Splitter Zimtrinde
je 2 Streifen unbehandelte Zitronen- und Orangenschale
grob geschroteter schwarzer Pfeffer aus der Mühle
Fleur de Sel

FÜR DEN SALAT

600 g festkochende Kartoffeln
Salz • 1 Lorbeerblatt
1 kleine getr. rote Chilischote
1 halbierte Knoblauchzehe
½ Bund feine Frühlingszwiebeln
100 g kleine feste Champignons
200 g Artischockenherzen (in Öl oder Lake)
2 EL Öl • gemahlener Kümmel
getrockneter Majoran
mildes Chilisalz
2 EL Zitronensaft
etwas abgeriebene unbehandelte Zitronenschale
1 Msp. fein geriebene Knoblauchzehe
1 EL mildes Olivenöl
2 Paar Wiener Würstel

1 Für das Roastbeef den Backofen auf 90 °C vorheizen. Auf die mittlere Schiene ein Ofengitter und darunter ein Abtropfblech schieben. Eine Pfanne bei mittlerer Temperatur erhitzen und das Öl mit einem Pinsel darin verstreichen. Das Fleisch bei mittlerer Hitze rundum anbraten und im Ofen auf dem Ofengitter je nach Dicke (und Hitze im Ofenraum) etwa 1½ Stunden rosa durchziehen lassen (58 °C Kerntemperatur).

2 Für den Salat die Kartoffeln schälen, waschen und in Salzwasser mit Lorbeer, Chili und Knoblauch weich garen. Abgießen, kurz ausdampfen und abkühlen lassen, dann in Scheiben schneiden. Frühlingszwiebeln putzen, waschen, schräg in 2 bis 3 cm lange Stücke schneiden und in Salzwasser 2 bis 3 Minuten blanchieren. In ein Sieb abgießen, kalt abschrecken und abtropfen lassen. Pilze putzen, trocken abreiben und in Scheiben schneiden. Artischocken abtropfen lassen und vierteln.

3 Eine große Pfanne bei mittlerer Temperatur erhitzen, 1 TL Öl mit einem Pinsel darin verstreichen und die Kartoffeln goldbraun anbraten. Dann wenden und auf der anderen Seite braten. Mit je 1 Prise Kümmel und Majoran sowie Chilisalz würzen. Dann mit Frühlingszwiebeln, Pilzen und Artischocken in eine große Schüssel geben. Mit Zitronensaft und -schale, Knoblauch, 1 EL Öl und Olivenöl marinieren, mit Chilisalz würzen.

4 Die Würstchen über Kreuz ganz leicht einritzen. Eine Pfanne bei mittlerer Temperatur erhitzen, das restliche Öl (½ TL) darin verstreichen und die Würstchen auf beiden Seiten langsam braten. Herausnehmen und schräg in jeweils 4 bis 5 Stücke schneiden.

5 Zum Servieren die braune Butter in einer großen Pfanne bei milder Hitze zerlassen. Kardamom, Vanille, Knoblauch, Ingwer, Fenchel, Koriander, Zimt und Zitrusschalen hinzufügen. Etwas Pfeffer grob darübermahlen und mit Fleur de Sel bestreuen. Das Roastbeef darin wenden und in dünne Scheiben schneiden. Den Bratkartoffelsalat auf Teller verteilen, Würstchen und Roastbeefscheiben darauflegen.

Tipp

Wer will, garniert das Roastbeef noch mit Remouladensauce: Dazu 1 hart gekochtes Ei pellen, 4 eingelegte Sardellenfilets, 2 TL Kapern und 1 Essiggurke abtropfen lassen und mit dem Ei fein hacken. 200 g griech. Joghurt (10 % Fett), 1 EL Gurkeneinlegewasser und 1 TL Dijon-Senf glatt rühren, Sardellen, Kapern, Essiggurke, Ei und 1–2 TL gemischte Kräuterblätter (z. B. Basilikum, Kerbel, Petersilie, Schnittlauch; frisch geschnitten) untermischen und mit mildem Chilisalz und 1 Prise Zucker würzen.

Einfach festlich

Andere Länder, andere Speisen: Am Heiligen Abend gibt es nichts, was es nicht gibt. Die Gans in England, den Truthahn in Amerika. Bei den Zulus in Afrika wird ein ganzer Ochse geschlachtet, dazu gibt es Maisbrei und selbst gebrautes Bier. In Deutschland bescheidet man sich dagegen mit Kartoffelsalat und Würstln und in Polen tischt man gleich zwölf Gänge auf: für jeden Apostel einen. Weihnachtszeit ist Genusszeit. Schon Winston Churchill hat gesagt: „Man soll dem Leib etwas Gutes tun, damit die Seele Lust hat, darin zu wohnen." Ein Rat, den man nicht nur an den Feiertagen beherzigen sollte.

Die Christbaumgurke

Alle Jahre wieder ist sie in den USA ein echter Renner. Die Weihnachtsgurke aus Glas. Wie eine Christbaumkugel wird sie an den Weihnachtsbaum gehängt. Noch vor der Bescherung dürfen die Kinder sie suchen, was aber gar nicht so einfach ist. Grüne Gurke. Grüne Tanne. Wer sie als Erstes erspäht, bekommt ein Extra-Geschenk. Typisch USA? Von wegen: Brauch und Gurkenkugel sollen aus Deutschland kommen.

Die Geister der Weihnacht

Perchten, Buttenmandl, Gankerl – die Advents- und auch die Weihnachtszeit ist in Bayern voll mit schaurigen Gestalten. Fast immer haben diese heidnischen Bräuche etwas zu tun mit den Raunächten und dem Winteraustreiben. In einigen Pfarreien in Oberbayern wurde eine Tradition wiederbelebt, die mehr für innere Einkehr und Ruhe steht: das Frauentragen. Dabei wird ab dem 1. Dezember die Statue der schwangeren Maria von Haus zu Haus gebracht. Dann versammelt sich die Familie, um zu beten und zu musizieren. Am nächsten Tag gibt man die Maria einfach weiter. In einem Fall soll das Frauentragen sogar dazu geführt haben, dass sich verfeindete Nachbarn wieder verstehen. Echter Weihnachtsfrieden.

Die Mettensau

Kartoffel statt Kaviar: Jeder dritte Deutsche isst an Weihnachten Kartoffelsalat mit Würstln. Doch woher kommt dieser Brauch? Erklärungsversuche gab es schon viele. Die einen meinen, diese Tradition stammt aus dem Nachkriegsdeutschland, in dem Würstl mit Kartoffelsalat schon eine Delikatesse waren. Die anderen behaupten, es sei einfach praktisch, weil am Heiligen Abend ohnehin so viel zu tun ist. Sehr viel wahrscheinlicher ist aber folgende Geschichte: In der katholischen Tradition zählt der Advent inklusive des Heiligen Abends zur Fastenzeit. Und so gab es früher den fetten Schweinebraten erst nach der Christmette. Die sogenannte Mettensau wurde bereits am 21. Dezember geschlachtet. Und weil die daraus gemachten Würste nicht so lange haltbar waren, hat man die restlichen Würste bedürftigen Mitbürgern geschenkt. Die mussten dann nur noch Kartoffeln für den Festschmaus auftreiben.

Zeit ist das Schönste, was man zu Weihnachten verschenken kann.

SUPPEN UND KLEINE GERICHTE

Geräucherte Paprika-Kürbis-Suppe mit Fischpflanzerln

4 PERSONEN

FÜR DIE SUPPE

½ Zwiebel
3 rote Paprikaschoten
400 g Hokkaidokürbis
1 Lorbeerblatt
1 Knoblauchzehe (in Scheiben)
3 Scheiben Ingwer
800 ml Hühnerbrühe
200 g Sahne
½ TL Räucherpaprikapulver (Pimentón de la Vera picante)
1 Msp. abgeriebene unbehandelte Orangenschale
40 g kalte Butter
mildes Chilisalz
einige Dillspitzen zum Garnieren

FÜR DIE PFLANZERL

50 g Weißbrot (entrindet)
3 EL Milch
3 Frühlingszwiebeln
je 250 g Forellen- und Zanderfilet
1 Ei
1 EL Dillspitzen (frisch geschnitten)
1 fein geriebene Knoblauchzehe
1 TL fein geriebener Ingwer
1 TL abgeriebene unbehandelte Zitronenschale
mildes Chilisalz
1 TL Currypulver
Weißbrotbrösel zum Wenden
4 EL Öl

1 Für die Suppe die Zwiebel schälen und in feine Würfel schneiden. Die Paprikaschoten vierteln, entkernen und waschen. Die Viertel mit einem Sparschäler schälen und in große Stücke schneiden. Den Kürbis waschen, die Kerne mit einem Löffel entfernen und den Kürbis in etwa 1 cm große Würfel schneiden.

2 Die Zwiebel in einem Topf ohne Fett bei milder Temperatur etwas andünsten. Paprika und Kürbis dazugeben und kurz mitdünsten. Lorbeerblatt, Knoblauch, Ingwer und Brühe hinzufügen und alles knapp unter dem Siedepunkt etwa 20 Minuten weich garen.

3 Das Lorbeerblatt wieder entfernen, Sahne, Räucherpaprika und Orangenschale hinzufügen und alles erhitzen. Dann den Topf vom Herd nehmen und alles mit dem Stabmixer pürieren. Die kalte Butter in Flöckchen dazugeben und untermixen, zuletzt die Suppe mit Chilisalz abschmecken, warm halten.

4 Für die Pflanzerl das Weißbrot klein würfeln und in einer Schüssel in der Milch einweichen. Die Frühlingszwiebeln putzen, waschen und in dünne Ringe schneiden. Die Fischfilets waschen, trocken tupfen und sehr fein würfeln (alternativ durch den Fleischwolf drehen). Den Fisch mit Ei, Dill und Frühlingszwiebeln zum eingeweichten Weißbrot geben und alles kompakt mischen. Knoblauch, Ingwer und Zitronenschale hinzufügen und die Masse mit Chilisalz und Currypulver würzen.

5 Die Weißbrotbrösel auf einen flachen Teller geben. Aus der Fischmasse mit angefeuchteten Händen 12 Pflanzerl formen, rundum in den Weißbrotbröseln wenden und auf einen Teller setzen. Das Öl in einer großen Pfanne erhitzen und die Fischpflanzerl darin bei milder Hitze auf beiden Seiten goldbraun braten. Herausnehmen und auf Küchenpapier abtropfen lassen.

6 Zum Servieren die Suppe auf vorgewärmte tiefe Teller verteilen und jeweils 3 Fischpflanzerl in die Mitte setzen. Mit Dillspitzen garnieren.

Weißwurst-Curry mit gerösteten Brezenstangen

4 PERSONEN

FÜR DAS CURRY

1–2 Kaffir-Limettenblätter
2 Stängel Zitronengras
1–2 TL Speisestärke
200 ml Kokosmilch
200 ml kräftige Hühnerbrühe
2 geh. TL rote Thai-Currypaste
2 Knoblauchzehen (in dünnen Scheiben)
1 EL Ingwer (in dünnen Stiften)
Salz

FÜR DIE EINLAGE

8 Weißwürste
4 dünne Frühlingszwiebeln
1 TL Öl

AUSSERDEM

2 Laugenstangen (Brezenstangen)
1–2 TL Öl

1 Für das Curry die Kaffir-Limettenblätter mehrmals einreißen. Vom Zitronengras die welken Außenblätter und die obere trockene Hälfte entfernen, die untere Hälfte längs halbieren.

2 Die Speisestärke mit wenig kaltem Wasser glatt rühren. Kokosmilch und Brühe in einem Topf aufkochen, die angerührte Speisestärke dazugeben und köcheln lassen, bis die Kokosmilchbrühe sämig bindet. Danach alles nochmals 2 bis 3 Minuten leicht köcheln lassen, dann die Currypaste unterrühren. Kaffir-Limettenblätter, Zitronengras, Knoblauch und Ingwer hinzufügen und alles langsam bis knapp unter den Siedepunkt erhitzen. Wenige Minuten ziehen, aber nicht kochen lassen. Zitronengras und Kaffir-Limettenblätter wieder entfernen und das Thai-Curry mit Salz abschmecken, dann warm halten.

3 Inzwischen für die Einlage die Weißwürste enthäuten und leicht schräg in etwa 1 cm dicke Scheiben schneiden. Die Frühlingszwiebeln putzen, waschen und schräg in 2 bis 3 cm lange Stücke schneiden. Eine Pfanne bei mittlerer Temperatur erhitzen, das Öl mit einem Pinsel darin verstreichen und die Weißwurstscheiben auf beiden Seiten hell anbraten, dabei die Frühlingszwiebeln mitbraten.

4 Währenddessen die Laugenstangen schräg in ½ cm dicke Scheiben schneiden. Eine Pfanne bei mittlerer Temperatur erhitzen, das Öl mit einem Pinsel darin verstreichen und die Laugenstangen auf beiden Seiten goldbraun backen (alternativ unter dem Backofengrill rösten).

5 Zum Servieren das Thai-Curry auf vorgewärmte tiefe Teller verteilen und das Weißwurstgröstl darauf anrichten. Die Brezenscheiben dazulegen und alles nach Belieben mit essbaren Blüten garnieren.

Bayern und die Welt

Die Bayern sind ein weltoffenes und gastfreundliches Volk. Hier im Freistaat waren im Verlauf der Weltgeschichte schon viele Nationen da. Die Franzosen, die Italiener, die Österreicher – und nicht zu vergessen, die Preußen. Natürlich. Und alle haben ihren kulinarischen Fußabdruck hinterlassen. Das Böfflamott – eine Geschmacksrevolution aus Frankreich, das Wiener Schnitzel, die Berliner Currywurst. Und erst das wunderbare italienische Eis. Das alles gibt es heutzutage auf bayerischen Speisekarten. Manchmal ganz anders und manchmal sogar besser als das Original. À la Schuhbeck!

Was ist ein Parapluie, sakradi?

Die Franzosen

Viel ist nicht übrig geblieben von der bayerisch-französischen Bruderschaft aus napoleonischen Zeiten. Das Franzosenviertel am Münchner Ostbahnhof, das Böfflamott, die Crème bavaroise. Am deutlichsten sieht, nein, hört man die einstige Alliance am bayerischen Dialekt. Der Bayer fährt mit seiner Schäsn (chaise) durch die Gegend, das Geld trägt er im Portemonnaie, der Nachttopf heißt Potschamperl und wenn es regnet, nimmt er seinen Regenschirm, sein Parapluie. Sakradi – man könnte fast sagen: Der Bayer ist von Geburt an zweisprachig. Ob die Liebe zum guten Essen auch den Franzosen zu verdanken ist? Nix Gewisses weiß man nicht. Aber dass Bayern ein Königreich geworden ist, das ist ein historischer Verdienst der Franzosen. Merci!

Die Italiener

München mediterran: unter dem Kastaniendach des Biergartens die Sonnenstrahlen zählen. An der Isar-Riviera schmoren, um sich anschließend mit einem original italienischen Gelato abzukühlen. Logo, dass die bayerische Landeshauptstadt als nördlichste Dependance Italiens bezeichnet wird. Hier wurde die Zuppa Romana erfunden, hier wurde der Aperol Spritz groß gemacht. Und hier kreuzen sich zwei Weltküchen auf einzigartige Weise. Bella Italia, aber alla bavarese!

Tu felix Bavaria

Was kommt heraus, wenn ein österreichischer Kaiser eine bayerische Prinzessin heiratet? Vier Kinder und ein Schmarrn, über den heute noch die Welt spricht. Der Kaiserschmarrn. Den hat die Sisi ja aus Rücksicht auf ihre Wespentaille verweigert, gemundet hat er dafür ihrem Kaiser Franz Joseph.

Vielleicht war ihr der Schmarrn aber auch zu wenig raffiniert. Zu ihren Leibspeisen zählten Gansleber-Weckerl, Veilchen-Gefrorenes oder Champagner-Biskuit. Ganz schön extravagant.

So wie der Kaiser Franz seine Sisi gemocht hat und umgekehrt, so ist auch das Verhältnis zwischen Bayern und Österreichern. Was sich liebt, das neckt sich. Kulinarisch jedenfalls hat man sich hüben wie drüben immer schon befruchtet. Und wer sich nicht auskennt, der sieht vor lauter Knödeln, Gröstln und Mehlspeisen überhaupt keinen Unterschied.

„Liebe Preußen, bei meiner Variante von der Currywurst müsst ihr stark sein!“

Kürbis-Curry mit gebackenen Garnelen

4 PERSONEN

FÜR DEN RAHM

200 g saure Sahne oder griech. Joghurt (10% Fett)
1 kleine fein geriebene Knoblauchzehe
1 Msp. fein geriebener Ingwer
je 1 TL abgeriebene unbehandelte Zitronen- und Orangenschale
je ½–1 EL Koriandergrün- und Minzeblätter (frisch geschnitten)
mildes Chilisalz • Zucker

FÜR DAS CURRY

1 Butternusskürbis (geschält 1 kg)
2 EL Honig • 2 EL Tomatenmark
600 g pürierte Tomaten (aus der Dose)
200 ml Gemüse- oder Hühnerbrühe
2 TL mildes Currypulver
½ TL edelsüßes Paprikapulver
¼ TL Räucherpaprikapulver (Pimentón de la Vera picante)
1 fein geriebene Knoblauchzehe
½ TL fein geriebener Ingwer
1 Msp. abgeriebene unbehandelte Orangenschale
mildes Chilisalz • 1–2 TL Öl
3 cm Vanilleschote

FÜR DIE GARNELEN

50 g Mehl • 15 g Speisestärke
60 ml eiskaltes Wasser
40 ml eiskalter Weißwein
1 TL Öl • 12 Riesengarnelen
Öl zum Frittieren
mildes Chilisalz

1 Für den Rahm saure Sahne oder Joghurt mit Knoblauch, Ingwer, Zitronen- und Orangenschale verrühren. Koriander und Minze hinzufügen und unterrühren, den Rahm mit Chilisalz und 1 Prise Zucker würzen.

2 Für das Curry den Kürbis halbieren und die Kerne mit einem Löffel entfernen. Dann den Kürbis schälen und in 1½ bis 2 cm große Würfel schneiden. Einen Bräter bei milder Temperatur erhitzen und Honig und Tomatenmark darin kurz andünsten. Tomatenpüree und Brühe hinzufügen und alles mit Curry, Paprikapulver, Räucherpaprika, Knoblauch, Ingwer, Orangenschale und etwas Chilisalz würzen, warm halten.

3 Eine große Pfanne bei mittlerer Temperatur erhitzen, das Öl mit einem Pinsel darin verstreichen und die Kürbisstücke rundum hell anbraten. Herausnehmen, zur Sauce geben und die Vanille hinzufügen. Ein Blatt Backpapier darauflegen und die Kürbisstücke knapp unter dem Siedepunkt etwa 10 Minuten gerade weich garen. Danach die Vanille wieder entfernen, das Kürbis-Curry warm halten.

4 Für die Garnelen Mehl und Speisestärke in einer Schüssel mischen und mit dem eiskalten Wasser, Wein und Öl verrühren. Die Garnelen bis auf den Schwanzfächer schälen, am Rücken entlang nicht zu tief einschneiden und den Darm herausziehen. Die Garnelen waschen und trocken tupfen.

5 Zum Ausbacken reichlich Öl in einem Topf oder einer Fritteuse auf 170 °C erhitzen. Die Garnelen durch den Teig ziehen und im Öl wenige Minuten ausbacken. Herausnehmen, auf Küchenpapier abtropfen lassen und mit Chilisalz würzen.

6 Zum Servieren das Kürbis-Curry auf vorgewärmte tiefe Teller verteilen. Je 3 Garnelen daraufsetzen und den Rahm darum herumträufeln, nach Belieben mit Minzespitzen garnieren.

Spaghetti mit Gartenkräutern

4 PERSONEN

500 g Spaghettini
(dünne Spaghetti)
Salz
2 kleine getr. rote Chilischoten
2 Lorbeerblätter
5 Scheiben Ingwer
100 g Cocktailtomaten
¼ l Hühner- oder Gemüsebrühe
2 fein geriebene Knoblauchzehen
½–1 TL fein geriebener Ingwer
milde Chiliflocken
2 EL kalte Butter
1 TL Estragonblätter
(frisch geschnitten)
je 1 EL Basilikum-, Kerbel- und Petersilienblätter
(frisch geschnitten)
frisch geriebene Muskatnuss
2–4 EL geriebener Parmesan
mildes Olivenöl zum Beträufeln
2–4 EL Parmesanspäne
4 Mini-Basilikumspitzen

1 Die Spaghetti in reichlich kochendem Salzwasser mit Chilischoten, Lorbeerblättern und Ingwer (Scheiben) etwa 3 Minuten kürzer als auf der Packung angegeben garen, dabei ab und zu umrühren. In ein Sieb abgießen und abtropfen lassen, Chilischoten, Lorbeerblätter und Ingwer wieder entfernen. Die Tomaten waschen und vierteln.

2 Die Hühner- oder Gemüsebrühe in einer tiefen großen Pfanne mit Knoblauch, (geriebenem) Ingwer und 1 Prise Chiliflocken erhitzen. Die Nudeln dazugeben und 1 bis 2 Minuten garen, bis sie fast die gesamte Flüssigkeit aufgenommen haben.

3 Die Pfanne vom Herd nehmen, die kalte Butter in Flöckchen und die Kräuter dazugeben und unterrühren, alles mit Muskatnuss würzen. Dann die Tomaten und den geriebenen Parmesan untermischen.

4 Zum Servieren die Nudeln auf vorgewärmte Pastateller verteilen und mit etwas Olivenöl beträufeln, zuletzt mit Parmesanspänen und Basilikumspitzen garnieren.

Tipp

Hier spielen frische Gartenkräuter die Hauptrolle! Gut zu wissen: Estragon hat je nach Sorte einen sehr starken Eigengeschmack, weshalb man ihn lieber etwas vorsichtiger dosieren sollte. Die anderen Kräuter können Sie großzügig verwenden. Wer will, kann auch noch Minzeblätter und Dillspitzen hinzufügen – sie passen ebenfalls gut dazu.

Gebackene Kartoffelmaultaschen auf Rahmkraut

4 PERSONEN

FÜR DIE MAULTASCHEN

je 250 g Weizen- und Roggenmehl
Salz
320 ml Milch
100 g Butter
400 g mehligkochende Kartoffeln
frisch geriebene Muskatnuss
1 Eigelb
1 EL braune Butter (siehe Seite 8)
1 fein geriebene Knoblauchzehe
1 Msp. fein geriebener Ingwer
1–2 EL gemischte Kräuterblätter (z. B. Basilikum, Dill, Kerbel, Petersilie; frisch geschnitten)
½–1 TL abgeriebene unbehandelte Zitronenschale
Mehl und Grieß zum Arbeiten
Öl zum Ausbacken

FÜR DAS RAHMKRAUT

400 g Sauerkraut (aus der Dose)
½ Zwiebel • 1 TL Puderzucker
50 ml Weißwein
150 ml Gemüsebrühe
je ½ TL Koriander-, schwarze Pfeffer- und Pimentkörner und Wacholderbeeren
1 Lorbeerblatt
1–2 EL Apfelmus
3 EL Sahne • mildes Chilisalz
Zucker • 2 EL kalte Butter

AUSSERDEM

einige Kerbelblätter zum Garnieren

1 Für den Maultaschenteig beide Mehlsorten in einer Schüssel mit etwas Salz mischen. ¼ l Milch mit der Butter aufkochen, unter den Mehl-Mix rühren und alles zu einem glatten Teig verkneten. Den Teig sofort weiter verarbeiten (alternativ in Frischhaltefolie wickeln und kühl stellen).

2 Für die Füllung die Kartoffeln waschen und mit Schale in Salzwasser weich garen. Abgießen, kurz ausdampfen lassen und noch heiß pellen. Durch die Kartoffelpresse drücken. Übrige Milch (70 ml) erhitzen, mit Salz und Muskatnuss würzen, mit den Kartoffeln mischen. Eigelb, braune Butter, Knoblauch, Ingwer, Kräuter und Zitronenschale unterrühren, alles nochmals abschmecken. Dann in einen Spritzbeutel mit großer Lochtülle füllen.

3 Den Maultaschenteig vierteln und jedes Viertel mit der Nudelmaschine oder dem Nudelholz in nicht zu dünne, etwa 8 cm breite Bahnen ausrollen, dabei mit etwas Mehl bestäuben. (Der Teig sollte nicht zu dünn werden.) Die Füllung mithilfe des Spritzbeutels als Häufchen in einer Reihe mit etwas Abstand zueinander am unteren Rand jeder Teigbahn verteilen. Den Nudelteig rund um die Füllung dünn mit Wasser bestreichen und die obere Teighälfte über die Füllung legen. Den Teig zwischen den Füllungen festdrücken und durchschneiden. In den Maultaschen sollte keine Luft eingeschlossen sein. Auf einem mit Grieß bestreuten Tablett bis zum Garen kühl stellen.

4 Für das Rahmkraut das Sauerkraut in einem Sieb kurz kalt abbrausen und das Wasser gut herausdrücken. Die Zwiebel schälen und fein würfeln. Den Puderzucker in einem Topf bei milder Hitze hell karamellisieren und die Zwiebel darin andünsten. Den Wein dazugießen und auf ein Drittel einkochen lassen. Dann Brühe und Sauerkraut hinzufügen und alles erhitzen. Die ganzen Gewürze in ein Gewürzsäckchen füllen, das Säckchen verschließen und mit dem Lorbeerblatt zum Kraut geben. Ein Blatt Backpapier darauflegen und das Sauerkraut knapp unter dem Siedepunkt etwa 30 Minuten köcheln lassen.

5 Zum Ausbacken Öl in einer tiefen Pfanne erhitzen und die Maultaschen darin schwimmend goldbraun frittieren. Herausnehmen und auf Küchenpapier abtropfen lassen. Aus dem Kraut Gewürzsäckchen und Lorbeerblatt wieder entfernen und Apfelmus und Sahne untermischen. Das Rahmkraut mit Chilisalz und 1 Prise Zucker würzen. Zuletzt die kalte Butter in Flöckchen unterrühren. Zum Servieren den Kerbel waschen und trocken tupfen. Das Rahmkraut auf vorgewärmte Teller verteilen und die Maultaschen daraufsetzen. Mit den Kerbelblättern garnieren.

FISCH UND MEERESFRÜCHTE

Meeresfrüchtesalat mit weißem und grünem Spargel

1 Für die Jakobsmuscheln ein Sesamsalz herstellen: Dazu beide Sesamsorten in einer Pfanne ohne Fett bei mittlerer Hitze fein duftend rösten, aus der Pfanne nehmen und mit Fleur de Sel und 1 Prise Chiliflocken mischen. Limettensaft, Orangenschale und Olivenöl verrühren, mit 1 Prise Zucker und mehrere Prisen Sesamsalz (Rest anderweitig verwenden) würzen. Die Jakobsmuscheln waschen, trocken tupfen und jeweils quer halbieren, in der Marinade wenden.

2 Die Garnelen bis auf den Schwanzfächer schälen, am Rücken entlang nicht zu tief einschneiden und den Darm herausziehen. Garnelen waschen und trocken tupfen, dann in einer Pfanne in ½ TL Öl bei mittlerer Temperatur anbraten. Garnelen wenden, die Pfanne vom Herd nehmen und die Garnelen in der Nachhitze der Pfanne noch etwa 1 Minute saftig durchziehen lassen. Herausnehmen und warm stellen.

3 Inzwischen Kopf und Arme der Calamari samt den Eingeweiden aus dem Körperbeutel ziehen, ebenso das durchsichtige Fischbein. Den Kopf von den Armen abtrennen, dabei den harten „Schnabel“ mit entfernen. Die hauchdünne Haut von den Beuteln (Tuben) abziehen. Die Tuben aufschneiden und die restlichen Eingeweide entfernen. Tuben und Arme gründlich waschen und trocken tupfen.

4 Eine große Pfanne bei mittlerer Temperatur erhitzen, ½ TL Öl darin verteilen, die Calamari hineinsetzen. Knoblauch, Ingwer, Chilischoten, Zitronen- und Orangenschale, Kardamom, Zimt und Vanille dazugeben, alles 30 bis 60 Sekunden anbraten. Garnelen dazugeben, dann die Pfanne vom Herd nehmen und die Garnelen in der Nachhitze der Pfanne noch durchziehen lassen. Ganze Gewürze vor dem Servieren entfernen.

5 Für das Gemüse den Fenchel putzen, waschen und längs halbieren. Beide Spargelsorten waschen, den grünen Spargel im unteren Drittel, den weißen ganz schälen, jeweils die holzigen Enden entfernen. Alle Gemüsesorten mit der Brühe in eine Pfanne geben, ein Blatt Backpapier darauflegen und alles knapp unter dem Siedepunkt etwa 8 Minuten gerade weich garen. Vom Herd nehmen, mit Limettensaft, -schale und Olivenöl verrühren, mit etwas Sesamsalz und 1 Prise Zucker würzen.

6 Inzwischen die Salatblätter putzen, waschen, trocken schleudern und in mundgerechte Stücke zupfen. Rote Beten in schmale Spalten schneiden (dabei am besten Einweghandschuhe tragen). Zum Servieren je 1 weißen und grünen Spargel auf die Teller legen, 2 Fenchelhälften danebensetzen und Jakobsmuscheln und Meeresfrüchte darum herumverteilen. Mit Salatblättern und Rote-Bete-Spalten garnieren.

4 PERSONEN

FÜR DIE JAKOBSMUSCHELN

1 TL helle Sesamsamen
1 TL dunkle Sesamsamen
1 TL Fleur de Sel
milde Chiliflocken
1 TL Limettensaft
1 Msp. abgeriebene unbehandelte Orangenschale
1–2 TL mildes Olivenöl • Zucker
4 Jakobsmuscheln (küchenfertig; ohne Corail)

FÜR GARNELEN UND CALAMARETTI

12 Riesengarnelen • 1 TL Öl
500 g Calamaretti
3 Knoblauchzehen (in Scheiben)
5 dünne Scheiben Ingwer
2 kleine getr. rote Chilischoten
je 2 Streifen unbehandelte Zitronen- und Orangenschale
5 Kardamomkapseln (angedrückt)
2 Splitter Zimtrinde
3 cm Vanilleschote

FÜR DAS GEMÜSE

4 Mini-Fenchelknollen
4 Stangen grüner Spargel
4 Stangen weißer Spargel
80 ml Gemüsebrühe
Saft und abgeriebene Schale von ½ unbehandelten Limette
2 EL mildes Olivenöl • Zucker
1–2 Handvoll Castelfranco-Salatblätter • 1–2 Rote Beten (vorgegart und vakuumiert)

Mediterraner Gemüsesalat mit mariniertem Lachs und Thunfisch

4 PERSONEN

FÜR DEN LACHS

2 EL Zucker • 2 geh. TL Salz
1 TL Ingwerpulver • je ½ TL gemahlener Koriander und Fenchel
je 2 Msp. gemahlener Kardamom und Kümmel • 350 g Lachsfilet

FÜR DEN SALAT

10 Artischockenherzen (in Öl oder Lake)
4 Stangen Staudensellerie
80 ml Gemüsebrühe
300 g Blumenkohlröschen
1 EL braune Butter (siehe Seite 8)
2 EL Zitronensaft
2 EL mildes Olivenöl
½ TL abgeriebene unbehandelte Orangenschale
mildes Chilisalz • Zucker

FÜR DAS TATAR

200 g sehr frisches Thunfischfilet (Sushi-Qualität)
1–2 TL eingelegter Ingwer
2 EL mildes Olivenöl
1 EL Koriandergrünblätter (frisch geschnitten)
1 EL Schnittlauchröllchen
abgeriebene Schale von 1 unbehandelten Limette
mildes Chilisalz

FÜR DIE JAKOBSMUSCHELN

4 Jakobsmuscheln (küchenfertig; ohne Corail) • ½ TL Öl
1 TL geröstete helle und dunkle Sesamsamen • mildes Chilisalz

1 Für den Lachs am Vortag alle Gewürze mischen. Den Lachs waschen, trocken tupfen, dann mit der Gewürzmischung rundum bestreuen und diese etwas andrücken. Den Fisch in eine Auflaufform legen oder in Frischhaltefolie wickeln und bei Zimmertemperatur 10 bis 12 Stunden, am besten über Nacht, beizen. Dabei zwischendurch mehrmals wenden.

2 Am nächsten Tag die Beize kalt abwaschen und den Fisch trocken tupfen. Zum Servieren in etwa ½ cm dicke Scheiben schneiden.

3 Für den Salat die Artischocken abtropfen lassen und vierteln. Den Sellerie putzen und waschen, das Selleriegrün beiseitelegen. Die Stangen sehr schräg in 1 bis 1½ cm breite Stücke schneiden. Mit der Brühe in einen Topf geben, ein Blatt Backpapier darauflegen und den Sellerie knapp unter dem Siedepunkt etwa 10 Minuten gerade weich dünsten.

4 Den Blumenkohl waschen und in etwa ½ cm dicke Scheiben schneiden. Eine große Pfanne sanft erhitzen und 1 TL braune Butter darin verstreichen, die Blumenkohlscheiben portionsweise bodenbedeckt goldbraun anbraten, wenden und fertig braten, dann herausnehmen und beiseitestellen. Alle Gemüsesorten in eine Schüssel geben. Zitronensaft und Olivenöl hinzufügen, das beiseitegelegte Selleriegrün fein hacken und mit der Orangenschale hinzufügen. Den Salat mit Chilisalz und 1 Prise Zucker würzen.

5 Für das Tatar den Thunfisch waschen, trocken tupfen und in 4 bis 5 mm kleine Würfel schneiden. Den Ingwer abtropfen lassen und klein hacken. Beides in einer Schüssel mit Olivenöl, Koriandergrün, Schnittlauch und Limettenschale mischen. Mit Chilisalz würzen.

6 Die Jakobsmuscheln waschen und trocken tupfen. Eine kleine Pfanne bei mittlerer Temperatur erhitzen und das Öl mit einem Pinsel darin verstreichen, die Jakobsmuscheln knapp 1 Minute anbraten. Dann wenden und ½ Minute weiterbraten, die Pfanne vom Herd nehmen und die Jakobsmuscheln in der Nachhitze der Pfanne noch etwa 1 Minute durchziehen lassen. Mit dem Sesam bestreuen und mit Chilisalz würzen.

7 Zum Servieren jeweils einen Anrichtering (4 bis 5 cm Durchmesser) auf einen Teller setzen und ein Viertel des Tatars hineingeben. Mit einem Löffel festdrücken und den Ring abziehen. Das Gemüse darum herumlegen, Lachsscheiben und Jakobsmuscheln danebensetzen. Nach Belieben mit Basilikum- oder Dillspitzen garnieren.

Dorade in der Salzkruste auf Endivien-Tomaten-Salat

4 PERSONEN

FÜR DEN FISCH

1 Dorade (800–1000 g)
1 halbierte unbehandelte Zitronenscheibe
2 Scheiben Ingwer
Fenchelsamen
½ TL schwarze Pfefferkörner

FÜR DIE SALZKRUSTE

5 Eiweiß (Größe M)
1½ kg grobes Meersalz
30 g Mehl • 30 g Speisestärke
2 EL schwarze Pfefferkörner (grob zerstoßen)
1 EL Korianderkörner (grob zerstoßen)
1 EL Fenchelsamen
1 EL Wacholderbeeren
1–2 TL Kardamomsamen
4 EL mildes Olivenöl zum Beträufeln

FÜR DEN SALAT

¼ Endiviensalat
150 g bunte Cocktailtomaten
2 EL schwarze Oliven (ohne Stein)
je 1 EL Basilikum- und Kerbelblätter (frisch geschnitten)
1 EL Zitronensaft
1–2 EL mildes Olivenöl
mildes Chilisalz • Zucker

1 Für den Fisch den Backofen auf 200 °C vorheizen. Ein Backblech mit Backpapier belegen. Die Dorade innen und außen waschen, trocken tupfen und die Flossen entfernen. Zitronenscheibe, Ingwer, 1 Prise Fenchel und die Pfefferkörner in die Bauchhöhle geben.

2 Für die Salzkruste die Eiweiße in einer Schüssel schaumig anschlagen, dann Salz, Mehl, Speisestärke und Gewürze dazugeben und untermischen. Etwa die Hälfte der Salzmasse auf dem Backblech zu einem Sockel in Fischgröße formen. Den Fisch auf das Salzbett legen und mit der übrigen Salzmasse rundum bedecken. Den Fisch im Ofen auf der mittleren Schiene etwa 40 Minuten garen. Herausnehmen und kurz abkühlen lassen. Zum Servieren den Fisch aus der Salzkruste klopfen oder mit einem Brotschneidemesser einen Deckel abschneiden.

3 Inzwischen für den Salat vom Endiviensalat die äußeren Blätter entfernen. Den Salat in die einzelnen Blätter teilen, waschen, trocken schleudern und in etwa 2 cm große Stücke schneiden. Die Tomaten waschen und nach Belieben halbieren. Die Oliven halbieren. Endivie, Tomaten, Oliven, Basilikum und Kerbel in eine Schüssel geben und mit Zitronensaft, Olivenöl, Chilisalz und 1 Prise Zucker marinieren.

4 Zum Servieren den Salat auf Teller verteilen. Die Filets aus dem Fisch auslösen, neben den Salat legen und mit Olivenöl beträufeln.

Tipps

Sie können den Fisch beim Anrichten auch noch mit etwas Koriander und schwarzem Pfeffer aus der Mühle würzen. Dazu je 1 TL der ganzen Gewürze in eine Gewürzmühle füllen.

Damit sich die Kruste gut vom Fisch lösen lässt, am besten nur die Flossen abschneiden und den Fisch ansonsten nicht schuppen. Ist der Fisch bereits geschuppt, können Sie ihn rundum mit etwas Öl bestreichen, bevor er ins Salzbett kommt.

Salz und Pfeffer

Ohne dieses Duo gäbe es keine moderne Küche. Ausnahmsweise sind damit nicht die besten Freunde von Alfons Schuhbeck, der Ingwer und der Knoblauch, gemeint, sondern Salz und Pfeffer. Erst seitdem die beiden in der kulinarischen Weltgeschichte aufgetaucht sind, schmeckt Essen wirklich gut. Lange Zeit waren sie deshalb die teuersten Gewürze der Welt. Sie haben Königreiche begründet, ganze Städte lebten von ihrem Handel, Dynastien wurden zu Millionären. Auch heute noch heißt einer, der richtig viel Geld hat, Pfeffersack. Und wenn eine Rechnung recht hoch ist, dann ist sie wahlweise gesalzen oder gepfeffert. Je nach Geschmack.

Mit Pfeffer mumifiziert

Pfeffer ist ein echter Star der Weltgeschichte. Die alten Ägypter haben damit ihre Mumien eingerieben, um sie haltbarer zu machen. Die Griechen und Römer haben ihn lieber selbst gegessen. Vor allem aus medizinischen Gründen – gegen Schlaflosigkeit, Zahnschmerzen und für mehr Manneskraft. Bei den Germanen war Pfeffer sogar ein richtiges Zahlungsmittel. Allerdings nur für ganz spezielle Fälle: Bei Entführungen wurde das Lösegeld grundsätzlich in Pfeffer verlangt. Im Gegensatz zum Salz ist Pfeffer ein Exot. Wo der wächst, schickt man am liebsten die Leute hin, die man nicht mehr sehen mag. Irgendwo ganz weit hinter Indien.

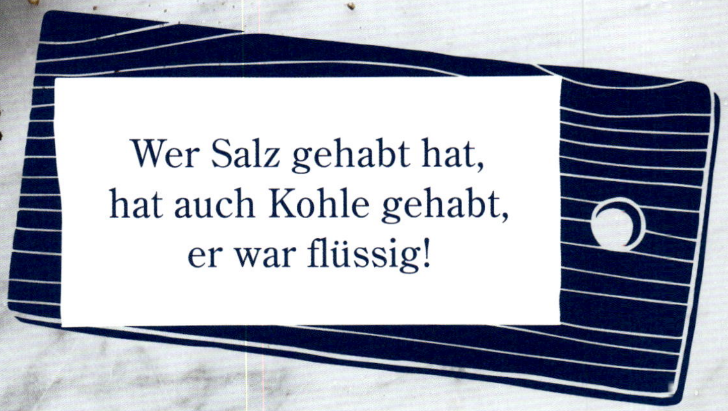

Gut und teuer

Auch wenn Salz und Pfeffer mittlerweile für jeden erschwinglich sind, gibt es für Genießer entsprechend teure Alternativen: Tasmanischer Pfeffer, der im Hochland der gleichnamigen australischen Insel geerntet wird, kostet um die 20 Euro für 100 Gramm. Beim Salz kann man ganze Weltreisen hinlegen: Von Hawaii (schwarzes Lavasalz) über Peru (Inkasalz) bis in die afrikanische Kalahari (Wüstensalz).

Auf Salz gebaut

Das Mittelalter gilt gemeinhin als finster, weil die Sitten – gelinde ausgedrückt – eher rau waren. Da machte auch Bayern keine Ausnahme. Salz war damals ein teures Gut und eine europäische Zollunion gab es noch nicht. Also hat jeder Herrscher von den durchreisenden Salzhändlern Zoll verlangt, idealerweise an Brücken. Nur an München zogen die Salzkarawanen vorbei, weil sie lieber den Isarübergang in der Höhe des heutigen Oberföhrings nutzten. Und der gehörte dem Freisinger Bischof, einem erklärten Gegner des Herzogs. Der fackelte nicht lang und ließ die Brücke in der Nacht abfackeln. Fortan mussten die Salzkarawanen, die von Salzburg nach Augsburg wollten, ihren Tribut an Heinrich den Löwen zahlen. Seine Brücke lag bei einer kleinen Ansiedlung im heutigen München, früher allerdings unter dem Namen „bei den Mönchen“ bekannt.

Linguine mit Limetten-Prosecco-Sauce und Garnelen

1 Für die Sauce den Honig in einem Topf bei milder Hitze hell karamellisieren. Den Prosecco dazugießen und auf ein Drittel einköcheln lassen. Die Brühe angießen und erneut auf ein Drittel einköcheln lassen. Die Sahne unterrühren und alles mit etwas Knoblauch und Limettenschale abschmecken, mit Chilisalz würzen.

2 Währenddessen die Nudeln in reichlich kochendem Salzwasser etwa 3 Minuten kürzer als auf der Packung angegeben garen, dabei ab und zu umrühren. In ein Sieb abgießen und abtropfen lassen. Dann in der Sauce noch etwas nachgaren, bis sich die Sauce sämig um die Nudeln schmiegt. (Werden die Nudeln vorgekocht, nach dem Abgießen kurz ausdampfen lassen und mit 2 EL mildem Olivenöl mischen, damit sie nicht zusammenkleben.)

3 Die Garnelen bis auf den Schwanzfächer schälen, am Rücken entlang nicht zu tief einschneiden und den Darm herausziehen. Die Garnelen waschen und trocken tupfen.

4 Eine Pfanne bei mittlerer Temperatur erhitzen und das Öl mit einem Pinsel darin verstreichen. Die Garnelen auf einer Seite 1 bis 2 Minuten anbraten. Die ganzen Gewürze hinzufügen, die Garnelen wenden und auf der anderen Seite noch etwa 1 Minute weiterbraten. Dann die Pfanne vom Herd nehmen und die Garnelen in der Nachhitze der Pfanne noch etwa 1 Minute saftig durchziehen lassen. Mit Chilisalz würzen.

5 Zum Servieren aus der Mitte des Trüffels 4 schöne Scheiben schneiden. Die Linguine auf vorgewärmten tiefen Tellern anrichten, die restlichen Trüffelabschnitte fein darüberreiben und je 1 Trüffelscheibe darauflegen. Die Garnelen darum herumsetzen und alles nach Belieben mit unbehandelten Limettenspalten garnieren.

4 PERSONEN

FÜR SAUCE UND NUDELN

1–2 TL Honig • 200 ml Prosecco
200 ml Gemüse- oder Hühnerbrühe • 100 g Sahne
1 Msp. fein geriebener Knoblauch
etwas abgeriebene unbehandelte Limettenschale
mildes Chilisalz
400 g Linguine • Salz

FÜR DIE GARNELEN

12 Riesengarnelen (ersatzweise mehrere halbierte Garnelen)
½ TL Öl • 3 cm Vanilleschote
2 grüne Kardamomkapseln (angedrückt)
2 kleine getr. rote Chilischoten
je 1 Streifen unbehandelte Zitronen- und Orangenschale
1 Knoblauchzehe (in Scheiben)
2 Scheiben Ingwer
mildes Chilisalz

AUSSERDEM

1–2 Périgord-Trüffeln (aus der Dose)

Seezunge auf Champagner-Safran-Sauce mit Gemüse

4 PERSONEN

FÜR DIE SAUCE

ca. 10 Safranfäden
125 ml kräftige Gemüse- oder Hühnerbrühe
2 TL Puderzucker
125 ml Champagner (ersatzweise anderer Schaumwein)
100 g Sahne
½ TL Speisestärke
3 cm Vanilleschote
je 1 Streifen unbehandelte Zitronen- und Orangenschale
1 Knoblauchzehe (in Scheiben)
2 EL kalte Butter
mildes Chilisalz

FÜR DAS GEMÜSE

150 g Romanesco
2 bunte Karotten
10 Mini-Maiskolben
4 Mini-Fenchelknollen
6 Stangen grüner Spargel
80 ml Gemüsebrühe
3 cm aufgeschlitzte Vanilleschote
je 2 Streifen unbehandelte Zitronen- und Orangenschale
1 Knoblauchzehe (in Scheiben)
4 Scheiben Ingwer
mildes Chilisalz

FÜR DEN FISCH

400 g Seezungenfilets
½–1 TL Öl
Saft von ½ Zitrone
mildes Chilisalz

1 Für die Sauce die Safranfäden in 2 EL warmer Brühe einweichen. Den Puderzucker in einen Topf sieben und bei milder Hitze hell karamellisieren. Mit Champagner ablöschen und die Flüssigkeit auf ein Drittel bis ein Viertel einköcheln lassen. Dann die übrige Brühe dazugießen und alles erneut auf ein Drittel einköcheln lassen. Anschließend den eingeweichten Safran hinzufügen.

2 Die Sahne unterrühren und alles erhitzen. Die Speisestärke mit etwas kaltem Wasser glatt rühren, in den Saucenansatz geben und köcheln lassen, bis dieser leicht sämig bindet. Vanille, Zitronen- und Orangenschale sowie Knoblauch hinzufügen und alles noch wenige Minuten ziehen lassen. Dann die ganzen Gewürze wieder entfernen und die kalte Butter in Flöckchen unterrühren, mit Chilisalz würzen und warm halten.

3 Für das Gemüse den Romanesco putzen, waschen und in Röschen teilen, die Stiele schälen und in Scheiben schneiden. Die Karotten putzen, schälen, längs vierteln und in 5 bis 6 cm lange Stücke schneiden. Mini-Mais und -Fenchel putzen, waschen und nach Belieben längs halbieren. Den Spargel waschen, im unteren Drittel schälen und holzige Enden entfernen, die Stangen schräg dritteln.

4 Das Gemüse mit der Brühe in eine große tiefe Pfanne geben, ein Blatt Backpapier darauflegen und das Gemüse knapp unter dem Siedepunkt 6 bis 8 Minuten weich garen. Vanille, Zitronen- und Orangenschale, Knoblauch und Ingwer dazugeben und alles mit Chilisalz abschmecken. Zum Servieren die ganzen Gewürze wieder entfernen.

5 Für den Fisch die Seezungenfilets waschen und trocken tupfen. Eine Pfanne bei mittlerer Temperatur erhitzen, das Öl mit einem Pinsel darin verstreichen und die Seezungenfilets auf beiden Seiten 1 bis 2 Minuten anbraten. Die Pfanne vom Herd nehmen und den Fisch in der Nachhitze der Pfanne noch etwas durchziehen lassen. Mit etwas Zitronensaft beträufeln und mit Chilisalz würzen.

6 Zum Servieren die Seezungenfilets auf vorgewärmte Teller legen, das Gemüse danebensetzen und die Sauce darum herumträufeln.

Schlaraffenland

„Eine Gegend heißt Schlaraffenland, den faulen Leuten wohlbekannt. (...) Auch fliegen um, das mögt ihr glauben, gebrat'ne Hühner, Gäns und Tauben." Kaum zu glauben, dass dieses Gedicht und die Vorstellung vom kulinarischen Utopia fast 500 Jahre alt sind. Geschrieben von dem Nürnberger Schuhmacher und Meistersinger Hans Sachs. Wo das (freilich nur rein fiktive) Paradies für Feinschmecker gelegen haben könnte, auch darüber gibt es so manche Theorie. Die Franzosen reklamieren das Genussparadies für sich und haben es sogar verortet: Lauragais südöstlich von Toulouse. Kein Wunder, es heißt ja auch: Leben wie Gott in Frankreich.

Landshuter Schlemm-Hochzeit

Wer anno 1475 auf der berühmten Landshuter Hochzeit war, muss sich fast wie im Schlaraffenland oder im Paradies gefühlt haben. So ausschweifend wurde dort geschlemmt, als der bayerische Herzog Georg der Reiche seine polnische Gattin Hedwig zum Traualtar führte. Der hat beim anschließenden Büfett buchstäblich die Sau rausgelassen und sogar noch viel mehr. Neben 285 Schweinen ließ er dort 232 Ochsen, 11500 Gänse, 1537 Lämmer und 40000 Hendl auffahren. Auch das gemeine Volk wurde eine ganze Woche lang kostenlos gespeist und mit Wein versorgt. Zwei Riesenbottiche standen dort für jedermann zur Verfügung: Weiß- und Rotwein, für jeden eine Maß, früh oder spät.

Der Schlauderaff

Das sprichwörtliche Schlaraffenland ist nicht nur ein Paradies für Vielfraße, sondern auch für passionierte Faulenzer. Nichts anderes heißt nämlich das Wort „Schlaraff". Es setzt sich zusammen aus dem mittelhochdeutschen „slur" für „faul" und dem sprichwörtlichen Affen. Also das Land der faulen Affen. In Bayern wird ein Mensch, der gerne viel isst, auch Schlauderaff genannt.

> Manna, Milch und Honig – ob diese himmlischen Genüsse was für irdische Feinschmecker sind?

Wie schlemmt man im Paradies?

Fühlt sich ein Gourmet im Himmel wohl? Und was gibt es dort tatsächlich zum Essen? Das kommt jetzt ganz drauf an, welchen Glauben man hat und welches Paradies einem dann nach dem Ableben zugeteilt wird. Feinschmecker und Freunde aller leiblichen Genüsse dürften da beim Islam gut aufgehoben sein. Wein, Weib und Gesang soll es im Jenseits in Hülle und Fülle geben. Im biblischen Paradies fließen immerhin noch Milch und Honig. Der Himmel der Bayern ist im Vergleich dazu eher eine karge Veranstaltung. Nur Frohlocken und Manna. Bekanntermaßen hat nach dieser Ankündigung der Münchner Alois Hingerl kapituliert. Manna, das die Israeliten auf ihrem Weg ins gelobte Land aßen, gibt es tatsächlich: So heißt das Harz des Tamariskenstrauchs oder der Saft der Manna-Esche.

GEFLÜGEL UND FLEISCH

Juwelenreis mit Hähnchen und Knoblauch-Vanille-Joghurt

4 PERSONEN

FÜR DEN REIS

½ l Hühnerbrühe
1 Döschen Safranfäden (0,1 g)
1 Karotte • ½ rote Paprikaschote • 200 g Basmatireis
1 TL gemahlene Kurkuma
5 grüne Kardamomkapseln (angedrückt)
1 Zacken Sternanis
1 Knoblauchzehe (in Scheiben)
3 Scheiben Ingwer
1 Splitter Zimtrinde
½ Granatapfel
2 EL gehackte Pistazienkerne
3 EL helle Rosinen
1 EL Koriandergrünblätter (mit Stielen; frisch geschnitten)
mildes Chilisalz

FÜR DAS HÄHNCHEN

1 geh. EL Speisestärke (ca. 15 g)
1 frische rote Chilischote
3 EL Weißweinessig
1 TL Tomatenmark
50 g Zucker • 1 TL Salz
½ fein gehackte Knoblauchzehe
½ TL fein gehackter Ingwer
2 Hähnchenbrustfilets (ca. 250 g; ohne Haut)
½ TL Öl • Salz

FÜR DEN DIP

200 g griech. Joghurt (10 % Fett)
2 EL Milch • 1 Msp. Vanillemark
1–2 fein geriebene Knoblauchzehen
mildes Chilisalz • Zucker

1 Für den Reis in einem kleinen Topf 5 EL Brühe erhitzen und vom Herd nehmen. Den Safran hineingeben und darin ziehen lassen. Inzwischen die Karotte putzen, schälen und in etwa ½ cm große Würfel schneiden. Die Paprikaschote entkernen, waschen und ebenfalls in etwa ½ cm große Würfel schneiden.

2 Den Reis mit der übrigen Brühe, Karotte und Paprika in einen Topf geben. Kurkuma, Kardamom, Sternanis, Knoblauch und Ingwer unterrühren, etwas Zimt hineinreiben. Den eingeweichten Safran dazugeben, ein Blatt Backpapier darauflegen und den Reis knapp unter dem Siedepunkt etwa 10 Minuten ziehen lassen. Vom Herd nehmen und zugedeckt weitere 5 bis 8 Minuten ausquellen lassen.

3 Die Granatapfelkerne aus den Trennhäuten lösen und mit Pistazien, Rosinen und Koriandergrün unter den Reis rühren. Zuletzt Kardamom, Sternanis und Ingwer wieder entfernen, den Reis mit Chilisalz würzen.

4 Für die Chilisauce zum Hähnchen 375 ml Wasser abmessen und die Speisestärke mit etwas kaltem Wasser glatt rühren. Die Chilischote längs halbieren, entkernen und den Samenstrang ebenfalls entfernen, die Chili waschen und in kleine Würfel schneiden.

5 Das übrige Wasser mit Essig, Tomatenmark, Chili, Zucker, Salz, Knoblauch und Ingwer aufkochen, die angerührte Speisestärke in die Sauce geben und etwa 2 Minuten leise köcheln lassen, bis diese sämig bindet. Dann vom Herd nehmen, alles mit dem Stabmixer kräftig pürieren und abkühlen lassen.

6 Das Hähnchenfleisch waschen, trocken tupfen und schräg in etwa 1½ cm große Würfel schneiden. Eine Pfanne bei mittlerer Temperatur erhitzen, das Öl mit einem Pinsel darin verteilen und das Fleisch rundum sanft anbraten. Die Pfanne vom Herd nehmen, das Fleisch in der Nachhitze der Pfanne saftig durchziehen lassen. Etwa 80 g Chilisauce dazugeben (Rest anderweitig verwenden, sie hält sich gekühlt mehrere Wochen), das Fleisch darin wenden und mit Salz würzen.

7 Für den Dip den Joghurt mit der Milch glatt rühren. Vanille und Knoblauch hineinrühren und alles mit Chilisalz und 1 Prise Zucker würzen.

8 Zum Servieren den Reis auf vorgewärmte Teller verteilen, die Hähnchenstücke darauf anrichten und den Joghurtdip darum herumträufeln. Nach Belieben mit Koriandergrün garnieren.

Geschnetzelte Hähnchenbrust mit Grillgemüse

4 PERSONEN

FÜR DAS HÄHNCHEN

4 Hähnchenbrustfilets
(à 120–150 g; ohne Haut)
1 TL Öl
80 ml Hühnerbrühe
2 TL Brathähnchengewürz
(siehe Tipp)
2 EL kalte Butter
mildes Chilisalz

FÜR DAS GEMÜSE

⅓ Zucchini
1 kleine Fenchelknolle
je ½ rote und gelbe Paprikaschote
1 TL Öl
mildes Chilisalz
1 Zweig Rosmarin
1 Knoblauchzehe (in Scheiben)
2 Scheiben Ingwer
mildes Olivenöl zum Beträufeln

1 Die Hähnchenbrustfilets waschen und trocken tupfen. Dann längs halbieren und quer in etwa 1 cm dicke Scheiben schneiden. Eine große Pfanne bei mittlerer Temperatur erhitzen, das Öl mit einem Pinsel darin verstreichen und die Hähnchenbrüste auf beiden Seiten wenige Minuten sanft anbraten.

2 Die Pfanne vom Herd nehmen und Brühe und Brathähnchengewürz dazugeben. Die kalte Butter in Flöckchen unterrühren und alles mit Chilisalz abschmecken, warm halten.

3 Das Gemüse putzen und waschen. Die Zucchini in Scheiben schneiden. Den Fenchel längs in etwa 3 mm dünne Scheiben schneiden. Die Paprika längs in etwa 1 cm breite Streifen schneiden.

4 Zucchini, Fenchel und Paprika nacheinander auf einer Grillplatte oder in einer Grillpfanne jeweils in wenig Öl anbraten. Herausnehmen und in einer Schüssel mit Chilisalz würzen, gewaschenen Rosmarin, Knoblauch und Ingwer untermischen.

5 Zum Servieren das Grillgemüse auf vorgewärmte Teller verteilen, mit Olivenöl beträufeln und die Hähnchenstücke dazwischenlegen.

Tipps

Im Gegensatz zum klassischen Geschnetzelten kommt hier keine Rahmsauce an die Hähnchenbrustfilets. Stattdessen wird am Ende alles mit gesundem Olivenöl beträufelt.

Falls Sie kein Brathähnchengewürz zur Hand haben, können Sie auch ½ TL Salz mit je 2 Prisen Chiliflocken, Knoblauch- und edelsüßem Paprikapulver, gemahlenen Fenchelsamen und Korianderkörnern, sowie getrocknetem Oregano und Rosmarin mischen und wie oben beschrieben verwenden.

Rosa gebratene Barbarie-Ente mit Glühwein-Schoko-Sauce

4 PERSONEN

FÜR DIE FINGERNUDELN

600 g mehligkochende Kartoffeln
Salz • 3–4 EL zerlassene braune Butter (siehe Seite 8) • 2 Eigelb
60 g doppelgriffiges Mehl
60 g Speisestärke
frisch geriebene Muskatnuss
mildes Chilisalz

FÜR ENTE UND SAUCE

2 Barbarie-Entenbrustfilets (à 350–400 g; mit Haut)
mildes Chilisalz • 1 EL Honig
1–2 TL Tomatenmark
¼ l Rotwein • 50 ml roter Portwein • ½ TL Speisestärke
1 Lorbeerblatt • 1 Gewürznelke
2 kleine getr. rote Chilischoten
1 Splitter Zimtrinde (ca. 2 cm)
1 Sternanis • 3 cm Vanilleschote
2 Kardamomkapseln (angedrückt) • 2 Scheiben Ingwer
je 1 Streifen unbehandelte Zitronen- und Orangenschale
50 g sehr kalte Butter • ½–1 TL gehackte Zartbitterschokolade (mind. 70 % Kakaoanteil)
Salz • Pfeffer aus der Mühle

FÜR DAS GEMÜSE

100 g Rosenkohl • 2 Petersilienwurzeln • 12 Mini-Karotten mit Grün • 100 ml Gemüsebrühe
1 Lorbeerblatt • 2 Scheiben Ingwer • 1 Knoblauchzehe (in Scheiben) • 1 kleine getr. rote Chilischote • 3 cm Vanilleschote

1 Für die Fingernudeln die Kartoffeln waschen und mit Schale in Salzwasser weich garen. Abgießen, kurz ausdampfen lassen, heiß pellen und durch die Kartoffelpresse drücken, etwa 30 Minuten abkühlen lassen. 500 g durchgepresste Kartoffeln (Rest anderweitig verwenden) mit 1–2 EL brauner Butter und Eigelben mischen. Mehl mit Speisestärke daraufsieben und locker unterkneten, alles mit Salz und etwas Muskatnuss würzen. Teig dritteln, jedes Stück auf der leicht bemehlten Arbeitsfläche zu einer Rolle (ca. 1½ cm Durchmesser) formen. Die Rollen in etwa 3 cm lange Stücke schneiden und jedes Stück zu einer 7 cm langen Rolle mit spitzen Enden formen. Fingernudeln in reichlich Salzwasser wenige Minuten ziehen lassen, bis sie an die Oberfläche steigen. Einmal aufkochen, herausnehmen und auf einem Küchentuch abtropfen lassen.

2 Für die Ente den Backofen auf 100 °C vorheizen. Auf die mittlere Schiene ein Ofengitter und darunter ein Abtropfblech schieben. Fleisch waschen, trocken tupfen, die Haut rautenförmig einritzen. Eine Pfanne ohne Fett bei mittlerer Temperatur sanft erhitzen, die Entenbrüste darin auf der Haut bei mittlerer Hitze etwa 5 Minuten braten. Wenden und die Fleischseite kurz anbraten. Dann im Ofen auf dem Gitter etwa 50 Minuten rosa durchziehen lassen. Herausnehmen, mit Chilisalz würzen.

3 Für die Sauce Honig und Tomatenmark in einer tiefen Pfanne leicht karamellisieren. Rotwein dazugießen und auf etwa ein Drittel einkochen lassen, den Portwein hinzufügen. Speisestärke mit kaltem Wasser glatt rühren, in die Sauce geben und köcheln lassen, bis sie sämig bindet. Lorbeer, Nelke, Chilis, Zimt, Sternanis, Vanille, Kardamom, Ingwer, Zitronen- und Orangenschale darin kurz mitziehen lassen, dann wieder entfernen. Kalte Butter in Flöckchen nach und nach bei milder Hitze in die heiße Sauce geben, falls nötig, die Pfanne dazu vom Herd nehmen. Zuletzt die Schokolade hinzufügen und schmelzen lassen. Die Sauce mit Salz und Pfeffer abschmecken und sofort servieren.

4 Für das Gemüse Rosenkohl waschen und halbieren. Petersilienwurzeln schälen, längs halbieren und in ½ cm dicke Scheiben schneiden. Karotten putzen und schälen, das Grün bis auf 1 cm entfernen. Vorbereitetes Gemüse mit der Brühe in eine tiefe Pfanne geben, ein Blatt Backpapier darauflegen und alles knapp unter dem Siedepunkt etwa 5 Minuten bissfest garen. Ganze Gewürze dazugeben und kurz mitziehen lassen. Zum Servieren die Gewürze entfernen, das Gemüse salzen. Fingernudeln in der übrigen braunen Butter bei mittlerer Hitze rundum goldbraun braten. Mit Chilisalz würzen und mit dem Gemüse auf Teller setzen, Sauce danebenträufeln. Entenbrust in Scheiben schneiden und darauflegen.

Welt der Gewürze

Knoblauch, Ingwer, Chili – das ist die große weite Welt der Gewürze. Und in dieser Welt ist Alfons Schuhbeck daheim. Hier kennt er jeden Winkel wie seine Westentasche. Erfunden hat er sie nicht, die Gewürze, aber als einer der ersten Köche populär gemacht. Manche haben ihm dafür den Titel „Gewürzpapst" verliehen. Gewürze geben den Gerichten nicht nur geschmacklichen „Drive", sondern sind auch gesund: „Sie waren 99 850 Jahre in der Menschheitsgeschichte immer auch Medizin", sagt Schuhbeck, „erst die letzten 150 Jahre hat die Pharmaindustrie sie zurückgedrängt."

Kolumbus' Gewürzreise

So abwegig es auch klingt: Ingwer, Knoblauch und Co. haben wir die Entdeckung Amerikas zu verdanken. Weil es den Suezkanal noch nicht gab und die Passage über das südafrikanische Kap der guten Hoffnung langwierig und schwierig zu bewältigen war, suchten die Seefahrer nach einer anderen Gewürzroute. Christoph Kolumbus, Italiener in kastilischen Diensten, war einer von ihnen. Sein Kalkül: Er segelt so lange nach Westen, bis er nach Indien kommt. Dort, wo der Pfeffer wächst. Von wegen. Inder hat er keine getroffen. Nur Indianer. Kolumbus entdeckte Amerika und Mexiko. Und brachte von dort ganz andere Gewürze mit nach Lissabon: Chilischoten, Vanilleschoten und Pimentkörner.

Die Krenweiberl

Noch bis vor wenigen Jahren kauften die Münchner Kräuter und Gewürze in der Fußgängerzone. Und zwar bei den Krenweiberln. Die Damen in farbenprächtiger Tracht fuhren tagtäglich mit großen Körben bewaffnet von Franken nach München, um dort ihren Kren, also ihren Meerrettich, zu verkaufen. Im Gepäck hatten sie auch jede Menge Kräuter. Leider gibt es die Krenweiberl nicht mehr. Alle in Rente.

Geld und Geschmack

„Pfefferkuchen, oh wie fein, neun Gewürze müssen's sein, sie alle haben fremde Namen, sagen uns, woher sie kamen. Ob China, Indien, Sansibar, ob es Ägypten, Zypern war, in alter Zeit schon hoch begehrt, war'n sie so viel wie Gold wohl wert." Gewürze sind ein Gedicht. In diesem Fall von einem unbekannten Autor. Dabei trifft er des Pudels Kern ziemlich genau. Gewürze waren m Mittelalter aufgrund der langen Transportwege so teuer, dass sie sich nur der Hochadel leisten konnte. Dass Geld nicht gleichzeitig Geschmack bedeutet, hat sich schon damals bewahrheitet. Um zu zeigen, wie reich man war, deckte man die Speisen regelrecht mit einem Gewürzteppich zu. Geschmeckt hat keiner mehr was, aber alle fanden es gut.

Gsurte Schweinsbackerl auf Krautfleckerln mit weißer Pfeffersauce

4 PERSONEN

FÜR DIE SCHWEINSBACKERL

1 kleine Zwiebel
1 Lorbeerblatt
3 Gewürznelken
1 kleine getr. rote Chilischote
8 gesurte Schweinsbackerl (vom Metzger; à ca. 100 g)

FÜR DIE SAUCE

2 EL schwarze Pfefferkörner
1 TL Wacholderbeeren
125 ml Apfelsaft • 4 cl Cognac
125 ml kräftige Hühnerbrühe
100 g Sahne
1 Lorbeerblatt
1 TL Speisestärke
30 g kalte Butter • Salz

FÜR DIE KRAUTFLECKERL

1 Kopf junger Weißkohl (ca. 800 g)
1 Zwiebel • 70 ml Apfelsaft
150 ml Hühner- oder Gemüsebrühe
gemahlener Kümmel
1 Msp. abgeriebene unbehandelte Zitronenschale
mildes Chilisalz

1 Für die Schweinsbackerl in einem großen Topf reichlich Wasser aufkochen. Die Zwiebel schälen und halbieren. Das Lorbeerblatt mit den Gewürznelken auf einer Zwiebelhälfte feststecken. Beide Zwiebelhälften und die Chilischote ins Wasser geben, die Schweinsbackerl hinzufügen und im Würzsud knapp unter dem Siedepunkt 1 bis 1¼ Stunden weich ziehen lassen.

2 Inzwischen für die Sauce Pfeffer und Wacholder in einem kleinen Topf ohne Fett leicht rösten. Apfelsaft und Cognac dazugießen und bei milder Hitze auf etwa die Hälfte einköcheln lassen. Brühe, Sahne und Lorbeerblatt dazugeben und alles erhitzen.

3 Die Speisestärke mit wenig kaltem Wasser glatt rühren, in die Sauce geben und köcheln lassen, bis diese sämig bindet. Die Sauce durch ein Sieb gießen und die kalte Butter in Flöckchen mit dem Stabmixer unterrühren, zuletzt die Sauce mit Salz abschmecken und warm halten.

4 Für die Krautfleckerl vom Weißkohl die äußeren Blätter entfernen, den Kohl vierteln und den harten Strunk entfernen. Den Weißkohl in Rauten schneiden. Die Zwiebel schälen und in feine Würfel schneiden.

5 Einen großen Topf erhitzen, Kohl und Zwiebel hineingeben und Apfelsaft und Brühe dazugießen. Alles mit geschlossenem Deckel 10 bis 15 Minuten dünsten, dabei ab und zu umrühren. Anschließend die Krautfleckerl mit 1 Prise Kümmel, Zitronenschale und Chilisalz würzen.

6 Zum Servieren die Krautfleckerl auf vorgewärmte Teller verteilen und die Sauce darüberträufeln. Die Schweinsbackerl aus dem Sud heben, halbieren und auf jeden Teller 4 Stücke setzen.

Gebackene Schweinenackensteaks mit sommerlichem Kartoffelsalat

4 PERSONEN

FÜR DEN KARTOFFELSALAT

1 kg festkochende Kartoffeln
Salz • 1 kleine rote Zwiebel
2 Frühlingszwiebeln
½ Salatgurke
½ Bund Radieschen
350 ml Hühner- oder Gemüsebrühe
3 EL Weißweinessig
mildes Chilisalz • Zucker
2 EL gemischte Kräuterblätter (z. B. Basilikum, Dill, Kerbel, Petersilie; frisch geschnitten)
3 EL braune Butter (siehe Seite 8)

FÜR DIE STEAKS

2 Eier • 2 EL Sahne
80 g doppelgriffiges Mehl (Instant- oder Spätzlemehl)
100 g Weißbrotbrösel
½ TL schwarze Pfefferkörner (grob gemahlen)
½ TL gemahlener Kümmel
¼ TL gemahlener Koriander
½ TL edelsüßes Paprikapulver
½ TL Rosmarinnadeln (frisch geschnitten)
milde Chiliflocken
4 Schweinenackensteaks (à ca. 150 g; ca. 1 cm dick)
Salz • Öl zum Ausbacken
mildes Chilisalz
4 unbehandelte Zitronenspalten zum Garnieren

1 Für den Kartoffelsalat die Kartoffeln waschen und mit Schale in Salzwasser weich garen. Abgießen, kurz ausdampfen lassen, möglichst heiß pellen und in dünne Scheiben schneiden. In eine Schüssel geben und noch heiß weiter verarbeiten.

2 Inzwischen die Zwiebel schälen und fein würfeln. Die Frühlingszwiebeln putzen, waschen und in dünne Ringe schneiden. Die Gurke waschen, längs vierteln und in 3 bis 4 mm dünne Scheiben schneiden. Die Radieschen putzen, waschen und in dünne Scheiben schneiden.

3 Für das Dressing die Brühe erhitzen und mit dem Essig verrühren, mit Chilisalz und 1 Prise Zucker würzen. 1 Handvoll Kartoffelscheiben hinzufügen und alles mit dem Stabmixer sämig pürieren. Das Dressing nach und nach unter die übrigen Kartoffelscheiben mischen, bis die Flüssigkeit vollständig gebunden ist. Dann die Zwiebel, Frühlingszwiebeln, Gurke, Radieschen und Kräuter untermischen. Zuletzt die braune Butter dazugeben, zum Servieren nochmals abschmecken.

4 Für die Steaks Eier und Sahne in einem tiefen Teller verquirlen. Das Mehl und die Weißbrotbrösel ebenfalls jeweils in tiefe Teller geben. Pfeffer, Kümmel, Koriander, Paprika, Rosmarin und 1 Prise Chili mischen. Die Schweinenackenscheiben mit Salz und der Gewürzmischung würzen und zunächst im Mehl wenden. Dann durch die verquirlten Eier ziehen und zuletzt in den Weißbrotbröseln wenden.

5 In einer großen tiefen Pfanne fingerhoch Öl erhitzen (alternativ eine Fritteuse verwenden). Die panierten Schweinebratenstücke darin auf beiden Seiten goldbraun backen. Herausnehmen, auf Küchenpapier abtropfen lassen und mit etwas Chilisalz nachwürzen.

6 Zum Servieren den Kartoffelsalat auf Teller verteilen und die Schweinenackensteaks danebenlegen. Mit Zitronenspalten garnieren.

Pfeffersteak mit Salz-Kräuter-Kartoffeln und Artischocken

4 PERSONEN

FÜR DIE STEAKS

1 TL Öl
4 Rinderrückensteaks (à 200–250 g; ca. 3 cm dick)
4 EL braune Butter (siehe Seite 8)
bunter Pfeffer aus der Mühle (grob geschrotet; z. B. schwarzer Pfeffer, grüner Pfeffer, rote Pfefferbeeren, Szechuanpfeffer, langer Pfeffer, Kubebenpfeffer)
Fleur de Sel (ersatzweise feines Salz oder mildes Chilisalz)

FÜR DIE KARTOFFELN

750 g festkochende Mini-Kartoffeln
Salz • 1 Lorbeerblatt
1 halbierte Knoblauchzehe
1 kleine getr. rote Chilischote
4 EL braune Butter
2 EL gemischte Kräuterblätter (z. B. Dill, Kerbel, Petersilie; frisch geschnitten)

FÜR DIE ARTISCHOCKEN

200 g Artischockenherzen (in Öl oder Lake)
120 g Datteltomaten
½ Bund grüner Spargel
80 ml Hühner- oder Gemüsebrühe
1 Knoblauchzehe (in Scheiben)
2 Scheiben Ingwer
1 Streifen unbehandelte Orangenschale
mildes Chilisalz

1 Für die Steaks den Backofen auf 100 °C vorheizen. Auf die mittlere Schiene ein Ofengitter und darunter ein Abtropfblech schieben. Eine Pfanne bei mittlerer Temperatur erhitzen, das Öl mit einem Pinsel darin verteilen und die Steaks rundum anbraten. Herausnehmen und im Ofen auf dem Ofengitter noch etwa 20 Minuten saftig durchziehen lassen.

2 Inzwischen die Kartoffeln schälen, waschen und in Salzwasser mit Lorbeer, Knoblauch und Chili etwa 20 Minuten weich garen. Abgießen und kurz ausdampfen lassen, die ganzen Gewürze wieder entfernen.

3 Die Artischocken gut abtropfen lassen und je nach Größe halbieren oder vierteln. Die Tomaten waschen und halbieren. Den Spargel waschen, im unteren Drittel schälen und holzige Enden entfernen, die Stangen schräg dritteln.

4 Den Spargel mit der Brühe in eine Pfanne geben, ein Blatt Backpapier darauflegen und den Spargel knapp unter dem Siedepunkt 6 bis 8 Minuten noch leicht bissfest garen. Vom Herd nehmen, Artischocken und Tomaten mit Knoblauch, Ingwer und Orangenschale untermischen und alles mit Chilisalz würzen.

5 Zum Servieren die braune Butter in einer Pfanne erwärmen, die Kartoffeln und die Kräuter dazugeben und darin wenden. Für die Steaks ebenfalls die braune Butter in einer Pfanne erwärmen und mit Pfeffer aus der Mühle und Fleur de Sel würzen. Die Steaks in der warmen Würzbutter wenden und auf vorgewärmte Teller legen. Die Kartoffeln und das Gemüse daneben anrichten.

Kalbsfilet mit Gorgonzola-Sauce und Spinatsalat

4 PERSONEN

FÜR DAS KALBSFILET

1 TL Öl • 500 g Kalbsfilet (aus dem Mittelstück)
4 EL braune Butter (siehe Seite 8)
je 1–2 TL geröstete helle und dunkle Sesamsamen
2 Zweige Rosmarin
milde Chiliflocken
Fleur de Sel (z. B. Maldon Sea Salt)
1 mehligkochende Kartoffel (geschält ca. 60 g)
Salz • ½ kleines Lorbeerblatt
1 kleine getr. rote Chilischote
½ Knoblauchzehe
¼ l Hühnerbrühe
70 g Gorgonzola
50 g Sahne • mildes Chilisalz
frisch geriebene Muskatnuss

FÜR DEN SPINAT

400 g junger Spinat
1 Knoblauchzehe (in Scheiben)
3 Scheiben Ingwer
je ½–1 TL abgeriebene unbehandelte Zitronen- und Orangenschale
1 Spritzer Zitronensaft
mildes Chilisalz
1–2 EL mildes Olivenöl
1 Handvoll kleine feste Champignons

FÜR DIE BIRNEN

1 reife rotschalige Birne
1 EL Butter
1 TL Vanillezucker

1 Für das Kalbsfilet den Backofen auf 100 °C vorheizen. Auf die mittlere Schiene ein Ofengitter und darunter ein Abtropfblech schieben. Eine Pfanne bei mittlerer Temperatur erhitzen und das Öl mit einem Pinsel darin verstreichen. Das Kalbsfilet rundum anbraten und im Ofen auf dem Ofengitter 1 bis 1¼ Stunden rosa durchziehen lassen.

2 Zum Servieren die braune Butter in einer großen Pfanne sanft erwärmen, Sesam, gewaschene Rosmarinzweige, Chili und Fleur de Sel hinzufügen und das Filet darin wenden.

3 Für die Sauce die Kartoffel schälen, waschen und in etwa 1 cm große Würfel schneiden. In einem kleinen Topf in Salzwasser mit Lorbeerblatt, Chilischote und Knoblauch etwa 20 Minuten weich garen. In ein Sieb abgießen und abtropfen lassen, die ganzen Gewürze wieder entfernen.

4 Die Brühe in einem Topf erhitzen, Kartoffelwürfel, Gorgonzola und Sahne dazugeben und alles im Topf mit dem Stabmixer sämig pürieren. Mit Chilisalz und etwas Muskatnuss würzen.

5 Den Spinat verlesen, waschen und trocken schleudern. Eine große tiefe Pfanne ohne Fett bei mittlerer Temperatur erhitzen, die Spinatblätter mit Knoblauch und Ingwer darin 1 bis 2 Minuten andünsten. Zitronen- und Orangenschale mit 1 Spritzer Zitronensaft hinzufügen. Mit Chilisalz würzen und das Olivenöl darüberträufeln.

6 Die Birne schälen, vierteln, entkernen und in dünne Spalten schneiden. Vanillezucker und Butter in einer Pfanne bei mittlerer Temperatur erhitzen und die Birnenspalten darin auf beiden Seiten hell anbraten.

7 Zum Servieren die Pilze putzen und trocken abreiben. Den Spinat mittig auf vorgewärmten Tellern anrichten und die Sauce darüberträufeln, die Pilze auf der Gemüsereibe darüberhobeln. Das Kalbsfilet in Scheiben schneiden und mit den Birnenspalten darauflegen.

Feuriges Rinderfilet mit Sellerie-Apfel-Salat

4 PERSONEN

FÜR DEN SALAT

4 Scheiben Knollensellerie (ca. 3 mm dünn) • Salz
2 Stangen Staudensellerie
1 säuerlicher Apfel (z. B. Elstar)
2 EL Zitronensaft
Saft von ½ Orange
je ½ TL abgeriebene unbehandelte Zitronen- und Orangenschale
2 EL mildes Olivenöl
mildes Chilisalz • Zucker

FÜR DIE PEPERONI

je 2 rote, gelbe und grüne mittelscharfe Peperonischoten
2 Schalotten
1–2 Zweige Rosmarin
½ TL Öl • 1 EL mildes Olivenöl

FÜR DAS RINDERFILET

1 TL Öl • 8 Rinderfiletsteaks (à ca. 100 g; ca. 1½ cm dick)
100 ml Hühnerbrühe
1–2 TL Steakgewürz
3–4 EL kalte Butter
mildes Chilisalz

1 Für den Salat die Selleriescheiben schälen, in Segmente schneiden (wie Tortenstücke) und in Salzwasser etwa 10 Minuten weich garen. Die Selleriestangen putzen, waschen und sehr schräg in etwa 1 cm breite Stücke schneiden. Dann in wenig Salzwasser noch leicht bissfest garen. In ein Sieb abgießen, kalt abschrecken und abtropfen lassen.

2 Den Apfel waschen, vierteln, entkernen, in schmale Spalten schneiden und diese halbieren. Beide Selleriesorten mit dem Apfel in eine Schüssel geben. Mit Zitronen- und Orangensaft, Zitronen- und Orangenschale, Olivenöl, Chilisalz und 1 Prise Zucker mischen und den Salat bis zum Servieren durchziehen lassen.

3 Die Peperoni längs halbieren, entkernen, waschen und nach Belieben etwas zerkleinern. Die Schalotten schälen, halbieren und in schmale Spalten schneiden. Die Rosmarinzweige waschen und trocken tupfen. Eine Pfanne bei mittlerer Temperatur erhitzen, das Öl mit einem Pinsel darin verteilen und die Peperoni mit Schalotten und Rosmarin andünsten. Vom Herd nehmen und das Olivenöl untermischen, warm halten.

4 Für das Rinderfilet eine Pfanne bei mittlerer Temperatur erhitzen, das Öl mit einem Pinsel darin verteilen und die Steaks anbraten, bis nach 1 bis 2 Minuten Fleischsaftperlen austreten. Die Filetscheiben wenden und so lange weiterbraten, bis erneut Fleischsaftperlen austreten. Die Steaks aus der Pfanne nehmen und warm halten.

5 Den Bratsatz mit der Brühe ablöschen, das Gewürz hinzufügen und alles etwas einköcheln lassen. Vom Herd nehmen, die kalte Butter in Flöckchen unterrühren und die Sauce mit Chilisalz abschmecken. Die Steakscheiben darin wenden.

6 Zum Servieren den Sellerie-Apfel-Salat auf Teller verteilen und nach Belieben mit Schnittlauchröllchen bestreuen. Die Rinderfiletscheiben danebenlegen und die Peperoni daraufsetzen.

Böfflamott mit Kartoffelgratin

4 PERSONEN
FÜR DAS BÖFFLAMOTT
1,2 kg flache Rinderschulter (Schaufelbug)
2 Zwiebeln
100 g Knollensellerie
1 Karotte
1 TL Puderzucker
1–2 EL Tomatenmark
4 cl Cognac
1,2 l Rotwein
je ½ TL Piment- und schwarze Pfefferkörner
1 Splitter Zimtrinde
5 Wacholderbeeren (leicht angedrückt)
1 Lorbeerblatt
1 halbierte Knoblauchzehe
2 Scheiben Ingwer
je 1 Streifen unbehandelte Zitronen- und Orangenschale
1–2 TL Speisestärke
40 g kalte Butter
mildes Chilisalz

FÜR DAS GRATIN
1 EL weiche Butter für die Förmchen
320 g Sahne
1 TL Rosmarinnadeln (fein gehackt)
1 kleine fein geriebene Knoblauchzehe
mildes Chilisalz
frisch geriebene Muskatnuss
½ TL Speisestärke
650 g vorwiegend festkochende Kartoffeln (geschält ca. 500 g)

1 Für das Böfflamott vom Fleisch mit einem scharfen Messer die äußeren Sehnen entfernen. Zwiebeln, Sellerie und Karotte putzen, schälen und in etwa 1 cm große Würfel schneiden. Den Puderzucker in einem Bräter bei mittlerer Hitze hell karamellisieren. Das Gemüse darin kurz andünsten, das Tomatenmark unterrühren und etwas mitdünsten

2 Mit Cognac ablöschen und den Wein dazugießen. Das Fleisch hinzufügen, ein Blatt Backpapier darauflegen und das Fleisch bei milder Hitze etwa 3 ½ Stunden weich garen.

3 Das Fleisch aus der Sauce nehmen und warm halten. Piment, Pfeffer, Zimt, Wacholder und Lorbeer in die Sauce geben und die Sauce um etwa ein Drittel einköcheln lassen. Knoblauch, Ingwer und Zitronen- und Orangenschale hinzufügen und in der Sauce etwa 5 Minuten ziehen lassen.

4 Die Sauce durch ein Sieb in einen Topf abgießen, dabei das Gemüse etwas ausdrücken und mit den ganzen Gewürzen entfernen. Die Speisestärke mit wenig kaltem Wasser glatt rühren, in die Sauce geben und köcheln lassen, bis diese sämig bindet. Noch 1 bis 2 Minuten köcheln lassen, dann die kalte Butter in Flöckchen unterrühren und die Sauce mit Chilisalz abschmecken. Das Fleisch in der Sauce warm halten.

5 Für das Kartoffelgratin den Backofen auf 180 °C vorheizen. Vier ofenfeste Förmchen (à ca. 12 cm Durchmesser) mit Butter einfetten. Die Sahne mit Rosmarin und Knoblauch in einen Topf geben, mit Chilisalz und Muskatnuss kräftig würzen und alles aufkochen. Speisestärke mit wenig kaltem Wasser glatt rühren, in die Sahne geben und köcheln lassen, bis diese sämig bindet.

6 Die Kartoffeln schälen, waschen und auf der Gemüsereibe in etwa 2 mm dünne Scheiben hobeln. Die Kartoffelscheiben mit der Sahnesauce mischen, dann alles auf die Förmchen verteilen und im Ofen auf der mittleren Schiene etwa 20 Minuten goldbraun backen. Herausnehmen und vor dem Servieren kurz abkühlen lassen.

7 Zum Servieren das Fleisch in Scheiben schneiden, auf vorgewärmte Teller legen und mit der Sauce überziehen. Die Bohnen (siehe Tipp) daneben anrichten und die Gratins dazu reichen.

Tipp

Für die Bohnen 300 g breite Bohnen putzen, waschen und schräg in etwa 1½ cm breite Stücke schneiden. In kochendem Salzwasser bissfest garen. In ein Sieb abgießen, kalt abschrecken und abtropfen lassen. Bohnen mit 1 Knoblauchzehe (in Scheiben), 2 Ingwerscheiben und 50 ml Gemüsebrühe in einem Topf erhitzen. 1 EL kalte Butter in Flocken unterrühren, 1 bis 2 TL Dill hinzufügen. Die Bohnen mit Chilisalz würzen.

Chili con Charme

4–8 PERSONEN

FÜR DIE KARTOFFELN

800 g festkochende Kartoffeln
2 EL mildes Olivenöl
1 Knoblauchzehe (in Scheiben)
3 Scheiben Ingwer
1 Zweig Rosmarin
mildes Chilisalz

FÜR DAS CHILI

1 große Zwiebel
je 1 rote, gelbe und grüne Paprikaschote
1 TL Honig
2 EL Tomatenmark
150 ml kräftiger Rotwein
200 g pürierte Tomaten (aus der Dose)
¾ l Hühnerbrühe
1 EL Speisestärke
600 g Rinderfilet (z. B. Endstücke)
je 80 g Kidney-, weiße Bohnen und Maiskörner (aus der Dose)
2 fein geriebene Knoblauchzehen
1 TL fein geriebener Ingwer
etwas abgeriebene unbehandelte Zitronenschale
je 1 Prise gemahlener Kreuzkümmel, Koriander, edelsüßes Paprikapulver und Räucherpaprikapulver (Pimentón de la Vera picante)
Pfeffer aus der Mühle
mildes Chilisalz

1 Für die Kartoffeln den Backofen auf 200 °C vorheizen. Ein Backblech mit Backpapier belegen. Die Kartoffeln waschen, vierteln und auf dem Backpapier verteilen. Im Ofen auf der mittleren Schiene etwa 30 Minuten goldbraun backen. Danach herausnehmen.

2 Für das Chili währenddessen die Zwiebel schälen und in feine Würfel schneiden. Die Paprikaschoten längs halbieren, entkernen, waschen und in etwa ½ cm große Würfel schneiden. Zwiebel und Paprika mit dem Honig in einem breiten Topf oder einer großen tiefen Pfanne bei milder Hitze kurz andünsten. Das Tomatenmark dazugeben und kurz mitdünsten. Den Wein dazugießen und sämig einköcheln lassen. Tomatenpüree und Brühe hinzufügen und alles erhitzen, dann knapp unter dem Siedepunkt etwa 10 Minuten garen.

3 Die Speisestärke mit wenig kaltem Wasser glatt rühren, in die Gemüsesauce geben und köcheln lassen, bis diese sämig bindet. Inzwischen das Rinderfilet in ½ bis 1 cm große Würfel schneiden, unter das Chili rühren und darin knapp unter dem Siedepunkt wenige Minuten ziehen lassen.

4 Beide Bohnensorten und den Mais in ein Sieb abgießen, abbrausen, abtropfen lassen und zuletzt in das Chili rühren. Knoblauch, Ingwer und Zitronenschale hinzufügen, alles mit Gewürzen, Pfeffer und Chilisalz würzen, wenige Minuten ziehen lassen und nochmals abschmecken, warm halten.

5 Die Kartoffeln in einer Pfanne mit Olivenöl, Knoblauch, Ingwer und Rosmarin bei milder Temperatur noch wenige Minuten ziehen lassen. Mit Chilisalz würzen.

6 Zum Servieren die ganzen Gewürze nach Belieben wieder aus dem Chili entfernen. Das Chili auf vorgewärmten tiefen Tellern anrichten und die Kartoffeln und den Dip (siehe Tipp) dazu reichen. Nach Belieben alles mit Dillspitzen garnieren.

Tipp

Für den Dip 200 g griechischen Joghurt (10 % Fett) mit 1 kleinen fein geriebenen Knoblauchzehe, ½ TL fein geriebenem Ingwer, 1 bis 2 TL Dillspitzen sowie je 1 Msp. abgeriebener unbehandelter Limetten- und Orangenschale glatt rühren und mit mildem Chilisalz würzen.

Rosa gebratener Lammrücken und Calamari

4 PERSONEN

FÜR LAMM UND CALAMARI

1½–2 TL Öl • 2 Lammlachse
2 EL Butter • 2 TL Rosmarinnadeln (fein gehackt)
1 Knoblauchzehe (in Scheiben)
mildes Chilisalz
300 g Calamaretti
2 Streifen unbehandelte Zitronenschale
2 kleine getr. rote Chilischoten
Salz • 2 Doradenfilets (mit Haut)

FÜR DAS GEMÜSE

1 Fenchelknolle • 150 g Brokkolini
4 Stangen grüner Spargel
80 ml Gemüsebrühe
1 Knoblauchzehe (in Scheiben)
2 Scheiben Ingwer
je 1 Streifen unbehandelte Zitronen- und Orangenschale
3 cm Vanilleschote
2 Splitter Zimtrinde • Salz
2 kleine getr. rote Chilischoten
frisch geriebene Muskatnuss

FÜR DIE KRÄUTERBUTTER

125 g weiche Butter
2 Handvoll gemischte Kräuterblätter (z. B. Dill, Kerbel, Minze, Petersilie; frisch geschnitten)
1 TL Rosmarinnadeln (fein gehackt) • 1–2 fein geriebene Knoblauchzehen
1 TL fein geriebener Ingwer (mit Schale) • 1 TL abgeriebene unbehandelte Zitronenschale
mildes Chilisalz

1 Für das Lamm den Backofen auf 100 °C vorheizen. Auf die mittlere Schiene ein Ofengitter und darunter ein Abtropfblech schieben. Eine Pfanne bei mittlerer Temperatur erhitzen, ½ TL Öl mit einem Pinsel darin verteilen. Das Lammfleisch rundum kurz anbraten, herausnehmen und im Ofen auf dem Ofengitter 20 bis 30 Minuten rosa durchziehen lassen. Inzwischen die Butter in einer Pfanne zerlassen, Rosmarin und Knoblauch dazugeben und mit Chilisalz würzen. Zum Servieren die Lammlachse aus dem Ofen nehmen und in der Würzbutter wenden.

2 Für das Gemüse den Fenchel putzen, waschen, halbieren und in schmale Spalten schneiden. Brokkolini putzen und waschen. Den Spargel waschen, im unteren Drittel schälen und holzige Enden entfernen, die Stangen schräg in 3 bis 4 Stücke schneiden. Fenchel, Brokkolini und Spargel mit der Brühe in eine tiefe Pfanne geben, ein Blatt Backpapier darauflegen und das Gemüse 5 bis 8 Minuten weich dünsten. Dann Knoblauch, Ingwer, Zitronen- und Orangenschale, Vanille, Zimt und Chilis dazugeben. Zuletzt mit etwas Muskatnuss und Salz würzen. Die ganzen Gewürze zum Servieren wieder entfernen.

3 Für die Kräuterbutter die weiche Butter schaumig schlagen und Kräuter, Rosmarin, Knoblauch, Ingwer und Zitronenschale unterrühren. Mit Chilisalz würzen, mit Backpapier zu einer Rolle formen und kühl stellen.

4 Kopf und Arme der Calamaretti samt den Eingeweiden aus dem Körperbeutel ziehen, ebenso das durchsichtige Fischbein. Den Kopf von den Armen abtrennen, dabei den harten „Schnabel" mit entfernen. Die hauchdünne Haut von den Beuteln (Tuben) abziehen. Die Tuben aufschneiden und die restlichen Eingeweide entfernen. Tuben und Arme gründlich waschen und trocken tupfen. Ein Pfanne bei mittlerer Temperatur erhitzen, 1 TL Öl darin verstreichen und die Calamari mit Zitronenschale und Chilis 1 bis 2 Minuten braten. Vom Herd nehmen, etwas Kräuterbutter hinzufügen und zerlassen, mit Salz abschmecken.

5 Den Fisch waschen, trocken tupfen und in einer Pfanne im restlichen Öl auf der Haut wenige Minuten goldbraun braten. Wenden, die Pfanne vom Herd nehmen und Fisch in der Nachhitze der Pfanne saftig durchziehen lassen. Etwas Kräuterbutter hinzufügen, mit Chilisalz würzen.

6 Zum Servieren den Lammrücken in breite Stücke schneiden. Das Gemüse auf einem großen vorgewärmten Teller anrichten, die Lammstücke dazwischensetzen und etwas Kräuterbutter darauflegen. Die Doradenfilets mit den Calamaretti auf einen weiteren vorgewärmten Teller setzen, die übrige Kräuterbutter dazu reichen.

Fasten mit Genuss

Die meiste Zeit verbringt der Bayer mit der Brotzeit. Und wenn er zu viel von der kalorienreichen Brotzeit zu sich genommen hat, dann heißt es für ihn: Fastenzeit. Streng betrachtet dauert sie schon ziemlich lang. Jeden Freitag, 40 Tage vor Ostern und 40 Tage vor Weihnachten. Macht summa summarum rund 130 Tage, also mehr als ein Drittel des Jahres. Bei so viel Fasterei erstaunt es nicht, dass die Bayern – unter erheblicher Mitwirkung der Geistlichkeit – so manche Tricks entwickelt haben, um auch magere Zeiten durchzustehen: zum Beispiel mit der fünften Jahreszeit, der Starkbierzeit.

Fast eine Diät

Jesus Christus hat 40 Tage und Nächte hindurch gefastet. Mohammed ging zum Fasten in die Wüste und Gandhi verweigerte Nahrung aus politischen Gründen. Heutzutage macht man eine Diät, um den Geist zu reinigen: Heilfasten. Oder weil man Gewicht verlieren will. Über 50 Diäten gibt es heuzutage. Glyx, Low Carb, Metabolic Balance. Oft hilft am besten: essen, was man will, aber von allem nur die Hälfte.

Drei Mal schlecht gegessen ist auch gefastet!

Aus dem Allgäu

In Bayern gehen die Uhren nicht nur anders, hier gibt es auch fünf Jahreszeiten. Nummer fünf ist die Starkbierzeit, eine ganz strenge Fastenzeit.

Nur Brot und Wein?

Wer hat sich das noch nicht schon mal gefragt: Was stand tatsächlich auf der Speisekarte des letzten Abendmahls? Wirklich nur Brot und Wein am Vorabend bevor der Heiland von Judas Ischariot verraten und ans Kreuz geschlagen wurde? Amerikanische Forscher haben jetzt 52 der populärsten Gemälde vom letzten Abendmahl aufs Genaueste untersucht und in einer Studie festgestellt: Manchmal gibt es neben dem Brot, das gebrochen wurde, auch Lamm und Fisch. Und auf immerhin sieben Prozent der Malereien erkennt man sogar so etwas wie einen Schweinebraten. Da müssen ein paar bayerische Ikonenmaler darunter gewesen sein.

Fastentricks

Wie man beim Fasten trickst, da hatten die Mönche so einiges in ihrem Arsenal. Fisch war ja erlaubt und weil sie ebenfalls im Wasser lebten, zählten die frommen Brüder auch Enten dazu. Ja sogar Biber landeten auf der Speisekarte. Oder ein Spanferkel, das man erst ins Wasser warf und dann wieder herausfischte. Siehe da, ein Fisch! Wenn alles nicht half, dann taufte der Abt den Braten einfach um. „Ego te baptizo carpam – ich tauf dich Karpfen", sagte er zum Schweinsbraten und schnitt sich gleich das beste Stück ab, das Scherzl. Mit der Regel „Flüssiges bricht Fasten nicht" verschafften sich die Mönche ganz neue Fastenmöglichkeiten. Und zwar in Form von Bier. Am besten als Starkbier und das in rauen Mengen. Nur im Kloster Andechs nahm man die Entsagung ernst: Frater Brauer trank statt 18 Maß nur zehn am Tag.

Hirschrücken mit Portwein-Trüffel-Sauce und Kartoffel-Apfel-Püree

4 PERSONEN

FÜR DEN HIRSCHRÜCKEN

3 EL roter Portwein
50 ml kräftiger Rotwein
300 ml Wildfond (aus dem Glas)
1–2 schwarze Trüffeln (aus der Dose; mit 1 EL Trüffeleinlegefond)
1 TL Speisestärke
2 EL kalte Butter
Salz • Pfeffer aus der Mühle
½–1 TL Öl
8 Hirschrückenmedaillons (à ca. 70 g)
mildes Chilisalz

FÜR DAS PÜREE

1 kg mehligkochende Kartoffeln
Salz • ¼ l Milch
1 EL Butter
2 EL braune Butter (siehe Seite 8)
2 EL Apfelmus
mildes Chilisalz
frisch geriebene Muskatnuss
1 Splitter Zimtrinde

FÜR DEN ROSENKOHL

2 Handvoll Rosenkohl • Salz
3 EL Hühnerbrühe
je etwas Butter und braune Butter
mildes Chilisalz
frisch geriebene Muskatnuss

1 Für die Sauce zum Hirschrücken Portwein und Rotwein in einem Topf fast vollständig einköcheln lassen. Den Fond dazugießen und alles um ein Drittel einköcheln lassen (ergibt ca. 200 ml). 1 EL Trüffeleinlegefond hinzufügen. Die Speisestärke mit wenig kaltem Wasser glatt rühren, nach und nach in den Fond geben und köcheln lassen, bis dieser leicht sämig bindet. Die kalte Butter in Flöckchen unterrühren, die Trüffeln in Scheiben schneiden und in die Sauce legen. Zuletzt mit Salz und Pfeffer würzen, warm halten.

2 Für das Püree die Kartoffeln waschen und mit Schale in Salzwasser weich garen. Abgießen, kurz ausdampfen lassen, möglichst heiß pellen und durch die Kartoffelpresse drücken. Die Milch erhitzen und unter die durchgepressten Kartoffeln rühren, dann die Butter und die braune Butter untermischen. Das Apfelmus unterrühren und das Püree mit Chilisalz, etwas Muskatnuss und einem Hauch geriebener Zimtrinde würzen. Bis zum Servieren warm halten.

3 Den Rosenkohl putzen und die äußeren Blätter entfernen. Den Rosenkohl waschen und die Köpfchen halbieren. In Salzwasser etwa 5 Minuten gerade weich garen, in ein Sieb abgießen, kalt abschrecken und abtropfen lassen. Dann mit der Brühe in einer Pfanne erhitzen, die Butter und die braune Butter dazugeben und alles mit Chilisalz und etwas Muskatnuss würzen.

4 Für den Hirschrücken eine Pfanne bei mittlerer Temperatur erhitzen, das Öl mit einem Pinsel darin verstreichen und die Hirschrückenmedaillons auf beiden Seiten je 1½ bis 2 Minuten anbraten. Herausnehmen und warm halten.

5 Zum Servieren das Kartoffel-Apfel-Püree auf vorgewärmte Teller verteilen und die Sauce danebenträufeln, den Hirschrücken in dicke Scheiben schneiden und auf die Sauce legen. Das Fleisch mit Chilisalz und nach Belieben mit 1 Prise Wildgewürz verfeinern und mit den Trüffelscheiben belegen. Den Rosenkohl daneben anrichten.

DESSERTS UND GEBÄCK

Orangen-Pannacotta mit gerösteten Kokoschips

4 PERSONEN

FÜR DIE ORANGEN

1–2 kleine unbehandelte Orangen (kernlos)
200 ml Orangensaft
50 g Zucker

FÜR DIE PANNACOTTA

2 Blatt Gelatine
100 ml Milch • 200 g Sahne
2 EL Zucker
abgeriebene Schale von 1 unbehandelten Orange
1 Splitter Zimtrinde
3 cm Vanilleschote
3 Kardamomkapseln (angedrückt)
5 schwarze Pfefferkörner

AUSSERDEM

einige Kokoschips
einige Mini-Basilikum- oder Minzeblätter zum Garnieren

1 Für die Orangenscheiben die Orangen heiß waschen und abtrocknen. Mit der Brotschneidemaschine oder einem scharfen Messer in möglichst dünne Scheiben schneiden. Orangensaft und Zucker in einer großen Pfanne verrühren und die Orangenscheiben darin nebeneinander verteilen. Die Saft-Zucker-Mischung bei milder Hitze etwa 15 Minuten sanft einköcheln lassen, sodass die Orangenscheiben glasig werden und die Flüssigkeit fast vollständig einkocht. Vom Herd nehmen und alles zugedeckt abkühlen lassen.

2 Für die Pannacotta die Gelatine in kaltem Wasser einweichen. Die Milch mit 100 g Sahne und Zucker in einem Topf aufkochen. Orangenschale, etwas Zimtabrieb, Vanille, Kardamom und Pfeffer hinzufügen und alles wenige Minuten ziehen lassen. Dann die Mischung durch ein Sieb gießen und die Milch-Sahne-Mischung auffangen, die ganzen Gewürze entfernen.

3 Die Gelatine ausdrücken und in der heißen Milch-Sahne-Mischung unter Rühren auflösen. Die Mischung abkühlen lassen, bis sie zu gelieren beginnt. Währenddessen die übrige Sahne halb steif schlagen und mit einem Teigschaber vorsichtig unter die gelierende Creme heben.

4 Die Orangenscheiben etwas abtropfen lassen, vier Dessertgläser damit dekorativ auslegen und die Pannacotta gleichmäßig darauf verteilen. Im Kühlschrank mindestens 1 Stunde durchkühlen lassen.

5 Zum Servieren die Kokoschips in einer beschichteten Pfanne ohne Fett hell rösten. Herausnehmen und abkühlen lassen. Die Pannacotta mit den gerösteten Kokoschips und Mini-Basilikum oder Minze garnieren, nach Belieben jeweils noch 1 Orangenscheibe darauflegen.

Rosenblüten-Bayrisch-Creme mit Chili

4 PERSONEN

FÜR DIE ROSENBLÜTEN

1 essbare schöne hellrote, aufgeblühte Rose (mit nicht zu kleinen Blättern, ungespritzt)
1 Eiweiß
3 EL Kristallzucker (nicht zu fein)

FÜR DIE BAYRISCH CREME

2 Blatt Gelatine
1 EL getrocknete Rosenblüten
3 Eigelb • 50 g Puderzucker
Mark von 1 Vanilleschote
300 g Sahne
2–3 EL Rosenwasser

FÜR DAS GELEE

1 Blatt Gelatine
100 ml Rhabarbersaft
milde Chiliflocken

1 Für die Rosenblüten den Backofen auf 50 °C vorheizen. Ein Backblech mit Backpapier belegen. Die Rosenblätter einzeln abzupfen und nebeneinander auf das Blech legen. Das Eiweiß mit 1 TL Wasser verrühren. Die Rosenblätter mit dem Eiweiß dünn bestreichen, dann mit dem Zucker großzügig bestreuen. Im Ofen auf der mittleren Schiene 3 bis 4 Stunden trocknen lassen.

2 Inzwischen für die Creme die Gelatine in kaltem Wasser einweichen und die Rosenblüten klein hacken. Die Eigelbe mit Puderzucker und Vanillemark in einer Rührschüssel mit den Quirlen des Handrührgeräts so lange schlagen, bis eine helle, schaumige Masse entstanden ist. Die Sahne halb steif schlagen.

3 In einem kleinen Topf 1 EL Rosenwasser erwärmen, vom Herd nehmen und die ausgedrückte Gelatine darin auflösen. Die Gelatinemischung mit dem übrigen Rosenwasser unter die Eigelbmasse rühren. Ein Drittel der Sahne mit einem Schneebesen unterrühren, die übrige Sahne mit den zerkleinerten Rosenblüten mit einem Teigschaber vorsichtig unterheben. Die Creme auf vier Dessertgläser verteilen und im Kühlschrank mindestens 1 Stunde fest werden lassen.

4 Währenddessen für das Gelee die Gelatine in kaltem Wasser einweichen. In einem kleinen Topf 3 bis 4 EL Rhabarbersaft erwärmen, vom Herd nehmen und die ausgedrückte Gelatine darin auflösen. Die Gelatinemischung mit dem übrigen Rhabarbersaft auffüllen, 1 Prise Chiliflocken unterrühren und alles so lange abkühlen lassen, bis die Masse zu gelieren beginnt. (Entweder auf Eiswasser mit einem Teigschaber rühren oder im Kühlschrank abkühlen lassen und zwischendurch mit einem Teigschaber durchrühren.) Die leicht gelierte Flüssigkeit auf den 4 Cremeportionen verteilen, dann im Kühlschrank fest werden lassen oder sofort servieren.

5 Zum Servieren die Cremes mit Rosenblüten und nach Belieben mit je 1 Minzespitze oder eingelegten Chilischoten (siehe Tipp) garnieren.

Tipp

Besonders fein schmecken eingelegte Chilischoten zur Bayrisch Creme. Dafür 2 Chilischoten längs halbieren, dabei den Strunk nicht entfernen. Die Hälften putzen und waschen. In einem kleinen Topf 50 ml Wasser und 80 g Zucker aufkochen und die Chilischoten darin kurz köcheln lassen. Dann vom Herd nehmen und abkühlen lassen.

Milchreiscreme mit Honig, Granatapfel und Feigen

4 PERSONEN

FÜR DIE CREME

400 ml Milch • 20 g Zucker
½ Vanilleschote
1 Splitter Zimtrinde
2 Scheiben Ingwer
100 g Milchreis
je 2 Streifen unbehandelte Zitronen- und Orangenschale
3½ Blatt Gelatine
40 g Honig (ersatzweise Zucker)
1 EL Orangenlikör (z. B. Grand Marnier)
2 Eiweiß • Salz
100 g Sahne

AUSSERDEM

4 große reife Feigen
1 Handvoll Himbeeren
2 EL Granatapfelkerne
Honig für Honigfäden zum Überspinnen nach Belieben

1 Für die Creme den Backofen auf 170 °C vorheizen. Die Milch mit Zucker, Vanille, Zimt und Ingwer in einem ofenfesten Topf aufkochen. Den Milchreis unterrühren und Zitronen- und Orangenschale dazugeben. Ein Blatt Backpapier darauflegen und den Milchreis im Ofen auf der mittleren Schiene etwa 30 Minuten quellen lassen. Dabei ab und zu mithilfe von Topflappen herausnehmen und umrühren.

2 Inzwischen die Gelatine in kaltem Wasser einweichen. Den Milchreis aus dem Ofen nehmen, die ausgedrückte Gelatine unter Rühren im heißen Reis auflösen und alles lauwarm abkühlen lassen (der Reis soll noch cremig bleiben). Die ganzen Gewürze wieder entfernen und Honig und Orangenlikör unterrühren.

3 Die Eiweiße mit 1 Prise Salz cremig schlagen. Die Sahne ebenfalls cremig schlagen. Beides nach und nach mit einem Teigschaber unter den Milchreis heben. Vier Förmchen (à ca. 150 ml Inhalt) auf einen mit Backpapier belegten Teller stellen. Die Creme auf die Förmchen verteilen und 2 bis 3 Stunden kühl stellen.

4 Währenddessen die Feigen putzen, waschen und in Spalten schneiden. Die Himbeeren verlesen, waschen und trocken tupfen.

5 Zum Servieren die Creme aus den Förmchen lösen und auf Dessertteller stürzen. Mit Feigen, Himbeeren und Granatapfelkernen garnieren und mit Honigfäden fein überziehen.

Tipp

Alternativ können Sie die Milchreiscreme auch auf Portionsringe (à ca. 6 cm Durchmesser) oder schöne Dessertgläser verteilen. Dann muss die Creme nicht gestürzt werden.

Schwarzbrotsoufflé mit eingelegten Zwetschgen

4 PERSONEN

FÜR DIE ZWETSCHGEN

500 g Zwetschgen
2 TL Speisestärke
150 ml kräftiger Rotwein
30 ml Orangensaft
50 ml Portwein • 50 g Zucker
3 Kardamomkapseln (angedrückt)
½ Zimtrinde • ½ Vanilleschote
3 Scheiben Ingwer
je 1 Streifen unbehandelte Zitronen- und Orangenschale
1 Spritzer Zwetschgenwasser

FÜR DAS SOUFFLÉ

weiche Butter und Kristallzucker für die Förmchen
50 g Schwarzbrotbrösel (geriebenes altbackenes Mischbrot)
20 g Puderzucker
1 Msp. Zimtpulver
40 g geriebene Mandeln
75 g weiche Butter • 3 Eigelb
1 Msp. abgeriebene unbehandelte Orangenschale
1 Msp. Vanillemark
60 g Zucker • ½ TL Speisestärke
3 Eiweiß • 2 cl brauner Rum
2 cl Mandellikör (z. B. Amaretto)
Puderzucker zum Bestäuben

1 Die Zwetschgen waschen, halbieren und entsteinen, die Hälften nach Belieben nochmals halbieren und in eine Schüssel geben. Die Speisestärke mit 2 EL Rotwein glatt rühren. Den restlichen Rotwein mit Orangensaft, Portwein und Zucker in einem Topf verrühren und aufkochen. Die angerührte Speisestärke in den Sud geben und etwa 2 Minuten köcheln lassen, bis er sämig bindet. Den Topf vom Herd nehmen, Kardamom, Zimt, Vanille, Ingwer, Zitronen- und Orangenschale dazugeben und darin etwa 5 Minuten ziehen lassen.

2 Dann den Sud durch ein Sieb auf die vorbereiteten Zwetschgen in die Schüssel gießen, mit Zwetschgenwasser verfeinern und etwa 15 Minuten ziehen lassen. Die ganzen Gewürze wieder entfernen.

3 Für das Soufflé vier ofenfeste Förmchen (à ca. 150 ml Inhalt) mit der Butter einfetten, dabei darauf achten, dass der obere Rand eingefettet ist, und gleichmäßig mit Kristallzucker ausstreuen. Die Schwarzbrotbrösel in einer Pfanne ohne Fett bei milder Hitze 5 bis 10 Minuten rösten, dann Puderzucker und Zimt darüberstäuben und etwas mitrösten. Aus der Pfanne nehmen und auf einem Teller abkühlen lassen. Die Mandeln in einer Pfanne ohne Fett bei milder Hitze goldbraun rösten, herausnehmen und ebenfalls abkühlen lassen, dann mit den Brotbröseln mischen.

4 Den Backofen auf 210 °C vorheizen. In ein tiefes Backblech 1 bis 2 cm hoch Wasser einfüllen und im Ofen auf der untersten Schiene erhitzen. Die Butter mit Eigelben, Orangenschale, Vanille und 30 g Zucker zu einer hellschaumigen Masse aufschlagen. Übrigen Zucker mit der Speisestärke mischen und die Eiweiße damit zu einem cremigen Schnee schlagen. Den Eischnee abwechselnd mit dem Mandel-Brösel-Mix, Rum und Likör unter die Buttermasse heben.

5 Die Soufflémasse auf die Förmchen verteilen und im Wasserbad im Ofen 20 bis 25 Minuten hell backen. Herausnehmen, mit Puderzucker bestäuben und sofort servieren. Die Zwetschgen separat dazu reichen.

Tipp

Sie können die Soufflés zum Servieren auch aus den Förmchen stürzen. Dafür die Zwetschgen auf tiefe Teller verteilen, die fertig gebackenen Soufflés mit der Messerspitze vom Rand lösen, stürzen und vorsichtig auf die Früchte setzen.

Schokoladenmousse mit Birnen

4 PERSONEN

FÜR DIE MOUSSE

100 g Zartbitterkuvertüre (mind. 70 % Kakaoanteil)
1 kleines Ei • 1 TL Zucker
1–2 EL brauner Rum
200 g Sahne

FÜR DIE BIRNEN

1 große reife, feste Birne
1–2 TL Puderzucker
1–2 TL kalte Butter
3 Kardamomkapseln (angedrückt)
2 Scheiben Ingwer
3 cm Vanilleschote
1 Splitter Zimtrinde
je 1 Streifen unbehandelte Zitronen- und Orangenschale

FÜR DIE GARNITUR

100 g Sahne • 1 EL Puderzucker
Mark von ½ Vanilleschote
75 g tiefgekühlte Himbeeren (aufgetaut)
1 EL Zucker
einige Tropfen Zitronensaft
einige Minze- oder Melisseblätter zum Garnieren

1 Für die Mousse die Kuvertüre grob hacken und in einer Metallschüssel über dem heißen Wasserbad unter Rühren schmelzen. Ei und Zucker in einer Metallschüssel verrühren und über dem heißen Wasserbad mit einem Schneebesen hellschaumig aufschlagen (dabei sollte die Schaummasse maximal 75 bis 78 °C heiß werden). Die Kuvertüre dazugeben und unterrühren, die Schüssel vom Wasserbad nehmen und den Rum untermischen. Das Ganze etwa 10 Minuten abkühlen lassen.

2 Inzwischen die Sahne halb steif schlagen, ein Drittel der Schlagsahne mit einem Schneebesen unterrühren, den Rest mit einem Teigschaber vorsichtig unterheben. Bis zum Servieren abgedeckt kühl stellen.

3 Die Birne waschen, vierteln, entkernen und in schmale Spalten schneiden. Den Puderzucker in einer Pfanne bei mittlerer Hitze hell karamellisieren und die Birnenspalten darin auf beiden Seiten goldbraun karamellisieren. Die Butter mit den Gewürzen dazugeben, die Pfanne vom Herd nehmen und die Birnenspalten in der Nachhitze der Pfanne noch wenige Minuten durchziehen lassen.

4 Zum Garnieren die Sahne mit Puderzucker und Vanillemark sämig aufschlagen. Die aufgetauten Himbeeren mit Zucker und Zitronensaft in einem hohen Rührbecher mit dem Stabmixer fein pürieren und durch ein Sieb streichen, die Kerne entfernen.

5 Zum Servieren je 2 Nocken Schokoladenmousse auf Teller setzen und die Birnenspalten dazu anrichten. Für das Saucenmuster links und rechts davon je 2 getupfte Linien abwechselnd aus Himbeersauce und Vanillesahne träufeln. Dann mit dem dicken Ende eines Holzspießes mittig durch die Tupfen ziehen, sodass ein Herzchenmuster entsteht. Zuletzt alles mit Minze- oder Melissespitzen garnieren und nach Belieben mit Schokospänen bestreuen.

Schokolade

Auch wenn es beim Fußball nicht immer reicht, bei der Schokolade sind wir Deutschen World Champions. Im Schnitt verzehrt jeder 116 Tafeln im Jahr. Schokolade zählt zu den ältesten Lebensmitteln der Welt. Schon bei den alten Azteken und Mayas in Mexiko hat es Schokolade gegeben. Aber nicht als Tafel, sondern flüssig. Xocolatl war ein Getränk, das nur bei besonderen Anlässen kredenzt wurde. So wie Champagner heutzutage bei uns. Erst die Spanier haben das bis dato leicht bittere Getränk gezuckert und mit einem Holzquirl aufgeschlagen. Eine Art Schoko-Latte, die dann in Europa eingeschlagen hat.

Die teuerste Schokolade der Welt

Für die Herstellung von Schokolade braucht man Kakaobohnen. Und die wachsen im Urwald. So wie die seltenste Kakaobohne der Welt. Nur 15 Bäume gibt es von der Sorte „Nacional“ im Dschungel von Ecuador. Dementsprechend teuer ist auch die Schokolade, die daraus hergestellt wird. Sie heißt „Toak“, die Tafel ist 50 Gramm schwer, handnummeriert und kostet über 200 Euro. Dafür aber reift sie auch 18 Monate in einem französischen Cognacfass. Kein Vergleich zum Alter der Kakaobäume: Einer ist über 130 Jahre alt – die Art selbst gibt es schon seit mehr als 5000 Jahren. Wie die Schokolade schmeckt: Angeblich hat sie ein Aroma von Jasminblüte, Flieder, Veilchen und Orangenschale.

Schokolade ist wie guter Wein. Man kann sie auch in alten Fässern reifen lassen.

Die Erfindung der Mikrowelle

Schokolade macht nicht nur glücklich – sondern ist auch gesund fürs Herz. Allerdings nur in Maßen und nicht in Massen. Ohne Schokolade wäre unser Leben halb so süß – und die Mikrowelle gäbe es auch noch nicht. Die hat der amerikanische Ingenieur Percy Spencer schon 1945 erfunden. So ganz nebenbei. Er war Spezialist für Radargeräte und bei einem Test stellte er fest, dass die Strahlen seine Schokolade auf dem Schreibtisch schmelzen ließ. Bis zur Erfindung der eigentlichen Mikrowelle war es dann nicht mehr weit. Die erste „microwave" war übrigens zwei Meter hoch, 400 Kilogramm schwer und hat über 3000 Dollar gekostet. Ein kostspieliges Vergnügen, nur um Popcorn herzustellen. Percy Spencer wurde durch seine Erfindung übrigens nicht reich. Für sein Patent bekam er vom Arbeitgeber ganze zwei Dollar.

Was will Frau?

„Nach 20 Jahren Ehe weiß ich immer noch nicht, was Frauen wollen", stöhnte der amerikanische Schauspieler Mel Gibson eines Tages. „Und ich glaube, die Antwort liegt irgendwo zwischen Gesprächen und Schokolade!" Entweder hat er zu wenig geredet oder zu wenig Schokolade verschenkt: Mel Gibson ist zwei Mal geschieden und hat neun Kinder von drei unterschiedlichen Frauen.

Schokoladen-Orangen-Kuchen

1 SPRINGFORM
(CA. 26 CM DURCHMESSER)
FÜR DEN KUCHEN
weiche Butter und Mehl für die Form
150 g Zartbitterkuvertüre (mind. 70 % Kakaoanteil)
150 g weiche Butter
150 g Puderzucker
2 EL Kakaopulver
1 EL Vanillezucker
abgeriebene Schale von 2 unbehandelten Orangen
1 EL brauner Rum
4 Eigelb • 4 Eiweiß
Salz • 50 g Mehl

FÜR DEN ÜBERZUG
1 Glas Orangenmarmelade (ersatzweise Aprikosenkonfitüre)
160 g Zartbitterschokolade (mind. 70 % Kakaoanteil)
100 g Sahne • 20 g Butter
40 g Puderzucker

FÜR DIE GARNITUR
80 g weiße Schokolade
ca. 2 EL Sahne, je nach Konsistenz

1 Für den Kuchen den Backofen auf 180 °C vorheizen. Die Form mit Butter einfetten und mit Mehl ausstäuben. Die Kuvertüre grob hacken und in einer Metallschüssel über dem heißen Wasserbad unter Rühren schmelzen, dabei nicht zu heiß werden lassen, ggf. etwas abkühlen.

2 Die Butter mit dem Puderzucker in einer Rührschüssel mit den Quirlen des Handrührgeräts cremig rühren. Die geschmolzene Kuvertüre nach und nach hinzufügen und unterrühren. Dann Kakao, Vanillezucker, Orangenschale und Rum dazugeben und untermischen. Die Eigelbe nacheinander gründlich unterrühren und die Masse cremig aufschlagen.

3 Die Eiweiße mit 1 Prise Salz zu cremigem Schnee schlagen und auf die Schokoladenmasse setzen. Das Mehl darübersieben und beides mit einem Teigschaber vorsichtig unterheben. Die Masse in die Form füllen und glatt verstreichen, dann im Ofen im unteren Drittel etwa 20 Minuten backen. Die Tarte fühlt sich danach noch relativ weich an. Herausnehmen und auf einem Kuchengitter abkühlen lassen.

4 Für den Überzug die Marmelade in einem hohen Rührbecher mit dem Stabmixer fein pürieren und den Kuchen damit rundum dünn bestreichen. Für die Schokoglasur die Schokolade grob hacken. Die Sahne mit Butter und Puderzucker in einem Topf aufkochen. Den Topf vom Herd nehmen, die gehackte Schokolade hinzufügen und so lange rühren, bis eine glatte und glänzende Masse entstanden ist. Flüssig halten.

5 Für die Garnitur die weiße Schokolade grob hacken, in einer Metallschüssel über dem heißen Wasserbad unter Rühren schmelzen. Vom Wasserbad nehmen und so viel Sahne unterrühren, dass eine dressierfähige Masse entsteht, die eine ähnliche Konsistenz wie die Schokoglasur hat. (Achtung: Beim Dazugeben der Sahne zur Schokolade wird das Ganze zunächst etwas fester, dann wieder flüssiger.)

6 Den Kuchen mit der dunklen Glasur relativ dick überziehen, dabei die überschüssige Glasur seitlich ablaufen lassen. Für die Sterndeko mit der weißen Glasur mehrere nicht zu kleine Tupfen in die noch flüssige dunkle Schokoglasur setzen. Dann mit dem dicken Ende eines Holzspießes jeweils von der Mitte eines Punktes mehrmals nach außen ziehen, sodass ein Stern entsteht. Die Glasur fest werden lassen und den Kuchen zum Servieren in Stücke schneiden.

Tipp

Der saftige Kuchen schmeckt auch sehr gut, wenn man ihn nicht überzieht, sondern einfach nur mit Puderzucker bestäubt.

Marmorierter Kaiserschmarrn mit Ribisel

4 PERSONEN

FÜR DEN KAISERSCHMARRN

150 g Mehl • ⅓ TL Backpulver
¼ l Milch
50 g Quark (ersatzweise Sahne)
1 EL Vanillezucker • 5 Eigelb
je 1 TL abgeriebene unbehandelte Zitronen- und Orangenschale
1 EL brauner Rum
5 Eiweiß • Salz
80 g Zucker
1–2 EL Kakaopulver
1 EL braune Butter (siehe Seite 8)

AUSSERDEM

120 g Ribisel (Rote Johannisbeeren)
1 EL Läuterzucker (Zuckersirup; dafür 1 : 1 Zucker und Wasser aufkochen)
1 TL Orangenlikör (z. B. Grand Marnier)
2 EL feiner Kristallzucker
Puderzucker zum Bestäuben
4 Minzespitzen zum Garnieren

1 Für den Kaiserschmarrn den Backofen auf 175 °C vorheizen. Das Mehl mit dem Backpulver mischen und in eine Rührschüssel sieben. Die Milch dazugießen und alles mit einem Schneebesen glatt rühren. Anschließend Quark, Vanillezucker, Eigelbe, Zitronen- und Orangenschale und Rum unterrühren.

2 Die Eiweiße mit 1 Prise Salz und 40 g Zucker zu einem glänzenden, cremigen Schnee schlagen. Ein Drittel des Eischnees mit einem Schneebesen unter die Mehl-Milch-Mischung rühren, den übrigen Eischnee mit einem Teigschaber vorsichtig unterheben. Ein Viertel bis ein Drittel der Masse abnehmen und in eine weitere Schüssel geben, den Kakao darübersieben und gleichmäßig unterheben.

3 In einer großen Pfanne (ca. 28 cm Durchmesser) bei milder Hitze 1 TL braune Butter zerlassen, etwas Zucker darüberstreuen und den hellen Teig etwa 1½ cm hoch einfüllen. Den dunklen Teig daraufträufeln und mit einem Kochlöffelstiel mehrmals durch beide Teige ziehen, sodass ein marmorartiges Muster entsteht. Den Schmarrn auf der Unterseite hell anbacken.

4 Dann im Ofen auf der mittleren Schiene 15 bis 20 Minuten goldbraun backen. Herausnehmen, in mundgerechte Stücke zupfen und mit dem übrigen Zucker in der Pfanne goldbraun karamellisieren.

5 Inzwischen die Johannisbeeren waschen, trocken tupfen und von den Rispen zupfen (alternativ die Träubchen in kleine Stücke schneiden). Läuterzucker und Likör verrühren und die Beeren darin wenden, nebeneinander auf eine Platte setzen und mit Kristallzucker bestreuen.

6 Zum Servieren den Schmarrn auf vorgewärmte Teller verteilen, mit Puderzucker bestäuben und die Ribisel darüberstreuen, mit Minzespitzen garnieren. Nach Belieben mit 1 EL gehackten Pistazienkernen und 1 EL gerösteten Mandelblättchen bestreuen.

Gebratene Hefekücherl mit eingelegten Kirschen

1 Für die Hefekücherl 50 ml Milch lauwarm erwärmen und die Hefe darin auflösen. Das Mehl in eine Rührschüssel sieben und Hefemilch, übrige Milch, Ei, Eigelbe, Vanillezucker, Zitronenschale und 1 Prise Salz hinzufügen. Alles mit den Knethaken des Handrührgeräts zu einem glatten Teig verarbeiten, dabei einige Minuten durchkneten. Den Hefeteig mit einem Küchentuch bedecken und an einem warmen Ort etwa 1 Stunde auf das doppelte Volumen aufgehen lassen.

2 Inzwischen die Kirschen in ein Sieb abgießen, den Saft dabei auffangen und ¼ l Saft abmessen (bei Bedarf mit zusätzlichem Kirschsaft auffüllen). Die Kirschen beiseitestellen. Die Speisestärke mit etwas Kirschsaft glatt rühren. Übrigen Kirschsaft in einen Topf geben, Rotwein, Portwein, Zucker, Nelke, Zimt, Zitronen- und Orangenschale hinzufügen und alles einmal aufkochen. Die angerührte Stärke in den Sud geben und etwa 2 Minuten köcheln lassen, bis er sämig bindet. Ingwer, Lorbeerblatt und Vanille dazugeben und einige Minuten darin ziehen lassen.

3 Dann alles durch ein Sieb gießen und den Sud wieder in den Topf geben, die Kirschen hinzufügen. Die ganzen Gewürze entfernen. Die Kirschen erneut einmal aufkochen, vom Herd nehmen und mit Honig und Kirschwasser abschmecken.

4 Eine große Pfanne bei mittlerer Temperatur erhitzen, etwas braune Butter mit einem Pinsel darin verstreichen, mit einem großen Esslöffel 16 bis 18 kleine Küchlein mit etwas Abstand zueinander hineinsetzen und nach und nach ausbacken. Auf einer Seite goldbraun anbraten, wenden und die zweite Seite ebenfalls goldbraun braten. Dabei sollte die Hitze nicht zu stark sein. Aus der Pfanne nehmen und auf beiden Seiten mit Zimtzucker bestreuen (alternativ darin wenden).

5 Zum Servieren die warmen Hefekücherl auf vorgewärmten Tellern anrichten und die Kirschen darum herumverteilen.

4 PERSONEN (CA. 20 STÜCK)

FÜR DIE HEFEKÜCHERL

200 ml Milch
10 g Hefe (¼ Würfel)
220 g Mehl
1 Ei • 2 Eigelb
1 geh. TL Vanillezucker
1 TL abgeriebene unbehandelte Zitronenschale • Salz
1–2 EL braune Butter (siehe Seite 8)
2–3 EL Zimt-Zucker-Mischung zum Bestreuen

FÜR DIE KIRSCHEN

400 g Sauerkirschen (aus dem Glas)
2 TL Speisestärke
180 ml Rotwein
70 ml Portwein
3 EL Zucker • 1 Gewürznelke
1 kleiner Splitter Zimtrinde
je 1 Streifen unbehandelte Zitronen- und Orangenschale
1 Scheibe Ingwer
1 kleines Lorbeerblatt
3 cm Vanilleschote
1 TL Honig • 2 cl Kirschwasser

Pfefferkuchen

CA. 45 STÜCK
FÜR DIE PFEFFERKUCHEN
½ TL Hirschhornsalz
3 TL Rum • 30 g Zitronatwürfel
40 g Orangeatwürfel
200 g gemahlene Mandeln
50 g gemahlene Haselnüsse
40 g Mehl • Salz
1 TL Lebkuchengewürz
Pfeffer aus der Mühle
Chilipulver
4 Eiweiß • 190 g Zucker
130 g Marzipanrohmasse
45–50 Oblaten
(à ca. 5 cm Durchmesser)

FÜR ZUCKERGLASUR UND DEKOR
1 Eiweiß • 100 g Puderzucker
1 EL Zitronensaft
ca. 20 Pistazienkerne
5 Belegkirschen

FÜR WEISSE SCHOKO-GLASUR UND DEKOR
100 g weiße Kuvertüre
20 g Kakaobutter
1 EL gefriergetrocknete
Brom- oder Himbeeren
1 EL kleine silberne
Zuckerperlen

FÜR DUNKLE SCHOKO-GLASUR UND DEKOR
100 g Zartbitterkuvertüre
(mind. 70 % Kakaoanteil)
20 g Kakaobutter
40 g kandierter Ingwer
Schalenstreifen von 1 unbehandelten Orange • 1 EL Zucker

1 Für die Pfefferkuchen am Vortag das Hirschhornsalz mit 2 TL Rum in einer kleinen Schüssel verrühren. Zitronat und Orangeat mit dem restlichen Rum mischen und sehr fein hacken. Dann mit Mandeln und Haselnüssen, Mehl, 1 Prise Salz und Gewürzen mischen. Die Eiweiße mit 60 g Zucker cremig schlagen, nach und nach den restlichen Zucker einrieseln lassen und alles zu einem festen Schnee weiterschlagen.

2 Das Marzipan in einer Rührschüssel zerpflücken und mit etwas Eischnee glatt rühren. Das aufgelöste Hirschhornsalz unterrühren und die Nussmischung abwechselnd mit dem Eischnee unter die Marzipanmasse heben.

3 Zwei Backbleche mit Backpapier auslegen. Jeweils 15 bis 20 g (ca. 1 geh. TL) Pfefferkuchenmasse kuppelförmig auf jede Oblate streichen. Die Pfefferkuchen nebeneinander auf die Bleche setzen und an einem trockenen Ort 12 Stunden, am besten über Nacht, ruhen lassen.

4 Am nächsten Tag den Backofen auf 165 °C vorheizen. Die Pfefferkuchen im Ofen auf der mittleren Schiene etwa 10 Minuten backen. Herausnehmen, für die Zuckerglasur lauwarm abkühlen lassen, für die Schokoladenglasuren vollständig abkühlen lassen.

5 Für die Zuckerglasur das Eiweiß mit dem gesiebten Puderzucker und dem Zitronensaft glatt verrühren. Etwa 15 lauwarme Pfefferkuchen damit bestreichen. Die Pistazienkerne vorsichtig längs halbieren, die Belegkirschen in Spalten schneiden. Beides sternförmig auf die feuchte Zuckerglasur setzen.

6 Für die weiße Schokoladenglasur die weiße Kuvertüre hacken und mit der Kakaobutter über dem heißen Wasserbad schmelzen lassen. Etwa 15 abgekühlte Pfefferkuchen damit bestreichen und mit den Beeren und Zuckerperlen bestreuen.

7 Für die dunkle Schokoladenglasur die Kuvertüre hacken und mit der Kakaobutter über dem heißen Wasserbad schmelzen lassen. Den kandierten Ingwer in dünne Scheiben, die Orangenschalen in feine Streifen schneiden. Die Orangenschalenstreifen im Zucker wenden. Etwa 15 abgekühlte Pfefferkuchen mit der Schokoladenglasur bestreichen und mit Ingwer und Orangenschale garnieren.

Gewürzkipferl

CA. 60 STÜCK

FÜR DEN TEIG

3 geh. EL Zucker
2 TL Lebkuchen- oder Plätzchengewürzmischung
250 g weiche Butter
80 g Puderzucker
Salz • 1 Ei (Größe M)
300 g Mehl
150 g gemahlene geschälte Mandeln

AUSSERDEM

50 g Zucker zum Wenden

1 Den Zucker mit dem Gewürz mischen. Die weiche Butter mit Puderzucker, 1 EL Gewürzzucker und 1 Prise Salz in einer Rührschüssel mit den Quirlen des Handrührgeräts zu einer glatten Masse verarbeiten. Das Ei dazugeben und unterrühren, dabei nicht schaumig schlagen. Das Mehl darübersieben, die Mandeln darüberstreuen und alles mit den Fingern bröselig verreiben. Dann rasch zu einem glatten Mürbeteig kneten, zu 3 Rollen (à ca. 2½ cm Durchmesser) formen und mit Frischhaltefolie abgedeckt im Kühlschrank etwa 30 Minuten ruhen lassen.

2 Den Backofen auf 175 °C vorheizen. Zwei Backbleche mit Backpapier belegen. Die Rollen in 5 bis 7 mm dünne Scheiben schneiden, mit den Händen kleine Kipferl daraus formen und nebeneinander auf die Bleche setzen. Im Ofen im unteren Drittel nacheinander 12 bis 15 Minuten hell backen. Den Zucker zum Wenden auf einem Teller mit 2 EL Gewürzzucker mischen. Die Kipferl aus dem Ofen nehmen, noch warm im Gewürzzucker wenden und auf einem Kuchengitter abkühlen lassen. In gut verschließbaren Keksdosen kühl aufbewahren.

Zimt-Ingwer-Sterne

CA. 50 STÜCK

FÜR DEN TEIG

150 g Marzipanrohmasse
4 Eiweiß
50 g kandierter Ingwer
1 Spritzer brauner Rum
150 g gemahlene Mandeln
100 g gemahlene Haselnüsse
1 EL Zimtpulver
400 g Puderzucker
abgeriebene Schale von je 1 unbehandelten Zitrone und Orange

AUSSERDEM

gemahlene Mandeln und Mehl zum Arbeiten
2 Eiweiß • 260 g Puderzucker

1 Für den Teig am Vortag das Marzipan zerpflücken und mit 2 Eiweißen glatt rühren. Den Ingwer mit dem Rum klein hacken und mit Marzipanmasse, Mandeln, Nüssen, Zimt, Puderzucker, Zitronen- und Orangenschale und den restlichen 2 Eiweißen mischen. Die Masse über Nacht abgedeckt im Kühlschrank ruhen lassen.

2 Am nächsten Tag den Backofen auf 170 °C vorheizen. Zwei Backbleche mit Backpapier belegen. Den Teig auf der mit Mandeln bestreuten Arbeitsfläche etwa 1 cm hoch mit dem leicht bemehlten Nudelholz ausrollen. Die Eiweiße mit dem Puderzucker dickschaumig aufschlagen und die Teigplatte dünn damit bestreichen.

3 Anschließend mit einem Zimtstern-Ausstecher etwa 50 Sterne (à ca. 5 cm Durchmesser) ausstechen und nebeneinander auf die Bleche setzen (dabei den Ausstecher zwischendurch in Wasser tauchen). Die Zimtsterne im Ofen auf der mittleren Schiene nacheinander 12 bis 15 Minuten hell backen.

4 Aus dem Ofen nehmen und auf einem Kuchengitter vollständig abkühlen lassen. Anschließend in gut verschließbaren Keksdosen bei kühler Raumtemperatur aufbewahren.

Herzhaft und süß

Advent, Advent. In Deutschland ist diese Zeit schon längst keine „staade" Zeit mehr. Sinnlich statt besinnlich heißt es auf den rund 3000 Weihnachtsmärkten mit jährlich rund 170 Millionen Besuchern. Und da gibt es alles, was das kulinarische Herz begehrt. Ob süß oder herzhaft. Von Platzerln bis zum Punsch, von der Currywurst bis hin zum Glühbier. Letzteres ist eine Erfindung der Neuzeit. Dabei wird dem meist dunklen Gerstensaft entweder Orangen- oder Kirschsaft zugesetzt. Dazu Honig und Gewürze. Schon früher hat man warmes Bier getrunken – als Medizin. Und vielleicht hilft ja das Glühbier bei der Besinnlichkeit.

So entsteht Geschmack

Weihnachten ist ein Fest wirklich für alle Sinne. Den glitzernden Weihnachtsbaum sehen, Lieder hören, Vanille und Zimt riechen, sich geborgen fühlen und Platzerl essen. Das schmeckt. Vor allem der Zunge. Denn sie ist dafür zuständig, dass wir überhaupt was schmecken. Genauer gesagt, die knapp 100 Papillen, die wiederum mit insgesamt 10 000 Geschmacksknospen ausgestattet sind. Im gemeinsamen Konzert teilen sie dem Menschen mit, ob was süß, sauer, salzig oder bitter ist. Bitterstoffe erkennt die Zunge übrigens besonders gut. Das ist eine Hinterlassenschaft der Evolution. Denn giftige oder unverträgliche Pflanzen sind oft bitter.

Das Paradeiserl

Lange bevor der Adventskranz in Deutschland auftauchte, hatten die Bayern schon ihr Paradeiserl. Das pyramidenförmige Gesteck wird von drei Äpfeln in der unteren Etage getragen. Verbunden sind alle vier mit geschmückten Holzstöcken. Wie beim Adventskranz auch gibt es vier Kerzen. Der Name ist eine Ableitung vom Paradies und erinnert an die glücklichen Zeiten von Adam und Eva. Ganz ohne Zankapfel.

Alle lieben die stade Zeit: 170 Millionen Besucher auf 3000 Weihnachtsmärkten.

Die Geschichte der Platzerl

Weihnachtszeit ist Plätzchenzeit: ein Brauch, der viele Jahrhunderte alt ist. Doch woher kommt er? Dazu gibt es wie immer eine ganze Reihe von Theorien. Angeblich wurden die süßen flachen Fladen im 18. Jahrhundert in den Klöstern erfunden. Und zwar als eine Art fetthaltiges Dauerbrot, um der armen Bevölkerung eine Freude zu bereiten. Geht man weiter in der Zeit zurück, stößt man auf ein Wunder. Und zwar hatten die Hirten, die aufgeregt zur Geburt Christi eilten, ihr Brot im Ofen vergessen. Als sie nach Hause kamen, waren die Fladen nicht verbrannt, sondern dufteten süß. Ob da Jesus schon die Hand im Spiel hatte? Angeblich buken auch die Kelten um die Wintersonnenwende schon flache Honigfladen. Man legte sie vor die Tür, um die Geister in den wilden Raunächten zu besänftigen.

COCKTAILS UND DRINKS

Erdbeer-Champagner-Aperitif

1 CHAMPAGNERGLAS

100 g Erdbeeren
1 EL Puderzucker
1 Spritzer Orangenlikör
(z. B. Grand Marnier)
gemahlener Kardamom
je 1 Msp. abgeriebene unbehandelte Zitronen- und Orangenschale
100 ml gekühlter Schaumwein
(z. B. Champagner)

1 Für das Erbeermark die Erdbeeren waschen, putzen und vierteln. Die Erdbeerviertel mit dem Puderzucker und dem Orangenlikör in einen hohen Rührbecher geben. 1 Prise gemahlenen Kardamom und die Zitrusschalen hinzufügen und alles mit dem Stabmixer pürieren.

2 Von dem Erdbeermark 1 EL abnehmen (das restliche Erdbeermark nach Belieben anderweitig verwenden) und in einer kleinen Schüssel mit etwa 3 EL Schaumwein verrühren. Die Mischung vorsichtig in ein Champagnerglas füllen.

3 Anschließend die Mischung mit dem restlichen Schaumwein nach und nach auffüllen (Achtung, es schäumt stark!).

Tipp

Diesen Champagner-Aperitif können Sie statt mit Erdbeermark auch mit Mango- oder Pfirsichmark zubereiten. Das Erdbeermark lässt sich übrigens auch sehr gut einfrieren.

CHAMPAGNE

Liebe geht durch den Magen

Geht Liebe wirklich durch den Magen, wie der Volksmund so vollmundig behauptet? Oder zunächst einmal nicht, denn vor lauter Schmetterlingen ist da ja kaum mehr Platz im Bauch. Außerdem lebt man in dieser Zeit nur von der Luft und der Liebe. Eine Pilotstudie der US-amerikanischen Drexel-Universität bringt ein wenig Licht ins Dunkle: Bei dem Versuch hat man 20 junge Damen erst hungern lassen und ihnen dann romantische Bilder gezeigt. Keine messbaren Gehirnregungen. 500 Kalorien später dann das gleiche Spiel. Jetzt aber mit deutlichen Ausschlägen! Der Beweis: Voller Magen liebt gerne.

Rose – Symbol der Liebe

Schon seit Urzeiten ist die Rose das Symbol der Liebe. Mitgebracht wurde sie laut einer Sage von Eva, direkt aus dem Paradies. Die Liebesgöttin Aphrodite wurde wahlweise mit einem Rosenstrauch geboren oder mit einem Rosenblätterregen übergossen. Die ägytische Königin Kleopatra verbrachte ihre Liebesnächte grundsätzlich auf Rosenblättern. Und Casanova badete seine Damen erst in Rosenwasser. Bis zu 250 Arten zählt die Gattung der Rosacea – wenn die Blütenblätter nicht gespritzt sind, kann man diese sogar essen. Schon im Mittelalter spielten Rosen in der Küche eine große Rolle und im Orient verwendet man Rosenwasser zum Aromatisieren von Reis, Salaten und Süßspeisen.

Mehr Pep mit Peperoni

Peperoni, Chili, Paprika: Ob Scharfmacher auch Muntermacher sind? Das vor allem in den Chilischoten stark konzentrierte Capsaicin wirkt nachweislich gefäßerweiternd und fördert die Durchblutung. Kann ja nicht schaden. Außerdem wird der Kreislauf stimuliert und der Körper schüttet als Gegenreaktion zur Schärfe Glückshormone aus. Ob das alles jedoch müde Männer munter macht, ist nicht bewiesen.

Wer nicht genießt, ist auch in der Liebe ungenießbar.

Viagra aus dem Meer

Als Liebesgöttin und Verführerin muss Aphrodite alias Venus für so manche Legende herhalten. Zum Beispiel dafür, dass ihr Blut die Rosen rot färbte, nachdem sie ihren Gatten betrogen hatte. Im Reich der Sagen sind auch die meisten nach der Göttin benannten Aphrodisiaka angesiedelt. Und davon soll es bei Lebensmitteln viele geben. Zum Beispiel den Spargel: Vielleicht liegt es an seiner Statur, dass man ihm übermännliche Kräfte zuschreibt. Aber ob Spargel allein schon einen Tarzan macht? Das ist genauso wenig bewiesen wie die Wirkung von Sellerie. Bei Meeresfrüchten ist das schon anders. Die Harvard-Universität hat 500 Paare ein Jahr lang begleitet und herausgefunden: Wer sich ein- bis zweimal in der Woche vom Meer ernährt, hat mehr vom (Sex-) Leben. Das wusste allerdings schon Casanova: Er soll täglich 50 Austern verspeist haben.

Munich Mule

1 LONGDRINKGLAS

Eiswürfel für 1 Longdrinkglas
5 cl Gin
1 Spritzer Limettensaft
3 dünne Gurkenscheiben (mit Schale)
ca. 10 cl Ginger Beer zum Auffüllen (siehe Tipp)

1 Die Eiswürfel in ein Longdrinkglas geben. Gin und Limettensaft hinzufügen. Die Gurkenscheiben in das Glas geben und alles mit Ginger Beer auffüllen. Kurz verrühren.

2 Nach Belieben den Munich Mule mit dünnen Ingwerscheiben und 1 Streifen unbehandelter Limettenschale garnieren (im Bild links).

Tipp

Mit Ginger Beer ist hier übrigens kein Bier mit Ingwergeschmack gemeint, sondern eine Art Ingwerlimonade mit feiner Schärfe, die dem bayerischen Drink seinen besonderen Charakter verleiht.

Zitronen-Ingwer-Kracherl

4 PERSONEN

50 g Zucker
10 Scheiben Ingwer
1 Flasche gekühltes Mineralwasser mit Kohlensäure (¾ l)
150 ml frisch gepresster Zitronensaft
Schalenstreifen von 1 unbehandelten Zitrone
1–2 Handvoll Eiswürfel

1 In einem kleinen Topf den Zucker mit 100 ml Wasser verrühren und aufkochen, damit sich der Zucker auflöst. Vom Herd nehmen, die Ingwerscheiben hinzufügen und abkühlen lassen.

2 Das Mineralwasser in einen großen Glaskrug oder ein ähnliches Gefäß geben. Den Zucker-Ingwer-Sirup mit Zitronensaft und Zitronenschale dazugeben und mit Eiswürfeln auffüllen (im Bild rechts).

Tipps

Nach Belieben das Kracherl mit einigen Johannisbeeren, Himbeeren, Heidelbeeren oder Granatapfelkernen garnieren oder Minze- oder Zitronenmelisseblätter in die Limonade streuen.

Anstelle von Zitrone kann das Kracherl auch mit Limetten zubereitet werden. Wer es mit Orangen oder Grapefruit herstellt, sollte jeweils noch etwas mehr Zitronen- oder Limettensaft dazugeben.

Tequila Sunrise

1 LONGDRINKGLAS

Eiswürfel für 1 Longdrinkglas
2 cl Grenadine (Granatapfelsirup)
100 ml Orangensaft
4 cl Tequila

1 Einige Eiswürfel in ein Longdrinkglas füllen und die Grenadine hinzufügen. Weitere Eiswürfel dazugeben.

2 Dann alles vorsichtig mit dem Orangensaft auffüllen, damit Orangensaft und Grenadine farblich ineinander verlaufen (siehe Tipp). Zuletzt den Tequila dazugeben (im Bild links).

Tipp

Die Reihenfolge der drei Zutaten Grenadine, Orangensaft und Tequila sollte unbedingt eingehalten werden, damit der „Sonnenaufgang-Effekt" entsteht. Nach Belieben können Sie den Cocktail mit ½ unbehandelten Orangenscheibe garnieren.

Sex on the Beach

1 LONGDRINKGLAS

Crushed Ice für 1 Longdrinkglas
4 cl Wodka
2 cl Pfirsichlikör
40 ml Cranberrysaft
40 ml Orangensaft

1 Das Crushed Ice in ein Longdrinkglas füllen. Den Wodka und den Pfirsichlikör dazugießen und leicht verrühren.

2 Anschließend die beiden Obstsäfte nacheinander hinzufügen und alles vorsichtig umrühren. Mit Strohhalm servieren (im Bild rechts)

Tipp

Anstelle von Cranberrysaft können Sie für den Cocktailklassiker aus den USA auch Granatapfelsaft verwenden. Einige Varianten verwenden anstelle von Orangensaft den etwas helleren Ananassaft.

Piña colada

1 Alle Zutaten mit einigen Eiswürfeln in einen Shaker füllen und 10 bis 15 Minuten shaken. Dann in ein mit Eiswürfel gefülltes Glas abseihen.

2 Nach Belieben „paradiesisch“ anrichten, zum Beispiel in einer Trink-Kokosnuss oder in einem schönen Glas mit Ananasstücken und Strohhalm (im Bild links).

Tipp

Bei diesem Cocktail ist es wichtig, dass die Kokosmilch homogen, also gleichmäßig cremig ist. Oft setzt sich in der Dose der Kokosmilch oben eine Fettschicht ab. Falls Sie keine homogenisierte Kokosmilch erhalten, geben Sie am besten den gesamten Inhalt der Dose Kokosmilch (Fett und Flüssigkeit) in einen Standmixer und pürieren ihn.

1 COCKTAILGLAS

2 cl weißer Rum
2 cl brauner Rum
20 g Sahne
2 cl Kokossirup
40 ml Kokosmilch (homogen, kein Fettabsatz)
100 ml Ananassaft
Eiswürfel zum Shaken

Silvester-Drink

1 Den Rosensirup mit der Grenadine in ein Champagnerglas geben, etwas Crémant dazugießen und verrühren.

2 Anschließend die Granatapfelkerne hinzufügen und den Cocktail mit dem übrigen Crémant auffüllen (im Bild rechts).

Tipp

Rosensirup können Sie ganz einfach selbst herstellen: dazu in einem kleinen Topf 100 g Zucker mit 100 ml Wasser aufkochen, vom Herd nehmen und abkühlen lassen. Dann diesen Zuckersirup mit 1 bis 2 TL Rosenwasser verfeinern. Für die Farbe nach Belieben einige Tropfen Granatapfelsirup hinzufügen.

1 CHAMPAGNERGLAS

1 EL Rosensirup (z. B. von Monin; ersatzweise einige Tropfen Rosenwasser; siehe Tipp)
einige Tropfen Grenadine (Granatapfelsirup)
90 ml gut gekühlter Crémant (Schaumwein)
einige Granatapfelkerne

Heiße Schokolade

4 PERSONEN

800 ml Milch
40 g Zucker
150 g Zartbitterschokolade (mind. 70 % Kakaoanteil)
50 g Vollmilchschokolade
125 g Sahne
Kakao zum Bestäuben
1 Zimtstange zum Reiben

1 Die Milch mit dem Zucker in einem Topf aufkochen und vom Herd nehmen. Beide Schokoladensorten grob hacken, in die Milch geben und so lange verrühren, bis sie vollständig geschmolzen ist. Nach Belieben kurz mit einem Stabmixer durchrühren. Die Sahne halb steif schlagen.

2 Zum Servieren die heiße Schokolade in Tassen oder Punschgläser füllen und die Sahne darauf verteilen. Jeweils mit etwas Kakao bestäuben und etwas Zimt darüberreiben (im Bild links).

Tipp

Wer will, kann nach dem Einrühren der Schokolade alles noch mit 1 Schuss Rum, Whiskey, Amaretto, Baileys oder einem Schnaps nach Wahl verfeinern.

Gerührter Eiskaffee mit Kardamom

2 PERSONEN

4 Kugeln Vanilleeis
2 Kugeln Kaffeeeis
Kardamom aus der Mühle
2 abgekühlte Ristretto-Kaffees (Espresso aus der halben Wassermenge; siehe Tipp)
6 EL cremig geschlagene Sahne und etwas geschlagene Sahne zum Garnieren

1 Einen hohen Rührbecher und die Eiskaffeegläser etwa 30 Minuten vor dem Servieren in das Tiefkühlfach stellen.

2 Danach Vanilleeis, Kaffeeeis, etwas Kardamom aus der Mühle, Ristretto und Schlagsahne in den gekühlten Rührbecher füllen und mit dem Stabmixer zügig zu einem cremigen Eiskaffee pürieren.

3 Den Eiskaffee in die gekühlten Gläser füllen, 1 Tupfer Schlagsahne daraufsetzen und mit etwas Kardamom aus der Mühle garnieren. Mit Limonadenlöffel und Glasstrohhalm oder Papierstrohhalm servieren (im Bild rechts).

Tipp

Ristretto heißt übersetzt „eingedampft" und bezeichnet einen Espresso, der nur mit der halben Menge Wasser zubereitet ist und deshalb extrem stark schmeckt. Alternativ können Sie auch 1 Espresso mit ½ TL Instant-Kaffeepulver dafür verrühren.

Glühbier

4 BIS 6 PERSONEN

2 Flaschen malziges dunkles Münchner Bier oder dunkles Weißbier (je ½ l)
½ l Sauerkirschsaft
1 EL brauner Rum
1 EL Mandellikör (z. B. Amaretto)
2 EL Honig oder Zucker
2 Scheiben Ingwer
1 Zimtstange
2 Kardamomkapseln (angedrückt)
½ ausgekratzte Vanilleschote
1 Gewürznelke
2 Zacken Sternanis
je 1 Streifen unbehandelte Zitronen- und Orangenschale
je 1 Spritzer Zitronen- und Orangensaft

1 In einem großen Topf das Bier mit dem Sauerkirschsaft mischen. Rum, Mandellikör und Honig oder Zucker dazugeben und unterrühren.

2 Ingwer, Zimt, Kardamom, Vanilleschote, Nelke, Sternanis, Zitronen- und Orangenschale hinzufügen und die Mischung mit je 1 Spritzer Zitronen- und Orangensaft würzen.

3 Anschließend alles auf dem Herd langsam auf etwa 70 °C erhitzen (Achtung: nicht kochen lassen!). Dann den Deckel auflegen und etwa 15 Minuten ziehen lassen, dabei die Herdplatte ausschalten.

4 Das Glühbier durch ein Sieb gießen und auffangen, die ganzen Gewürze wieder entfernen. Zum Servieren das Glühbier in Gläser füllen.

Tipp

Auf vielen Weihnachtsmärkten erfreut sich Glühbier immer größerer Beliebtheit. Gut zu wissen: Wenn Sie es nach dem Rezept selbst machen, sollte das Glühbier nur so lange wie gerade nötig ziehen, damit die Gewürze ihr Aroma entfalten können, aber vom alkoholischen Anteil nicht zu viel verdampft.

Pharisäer

1 TASSE

3 EL geschlagene Sahne
1 Stück Würfelzucker
(ersatzweise 1 TL Zucker)
mind. 4 cl brauner Rum
(z. B. Jamaika-Rum)
ca. 200 ml frisch gebrühter
starker Kaffee
Kakaopulver oder Heiße-Schokolade-Pulver und Kardamom aus der Mühle zum Bestäuben

1 Die Schlagsahne in einen Spritzbeutel mit Sterntülle füllen. Den Zuckerwürfel mit dem Rum in eine Pharisäer-Tasse oder eine andere Tasse geben und den Zucker darin unter Rühren auflösen.

2 Anschließend die Mischung mit dem heißen Kaffee aufgießen und die Sahne als Haube daraufspritzen. Zum Servieren mit etwas Kakaopulver oder Heiße-Schokolade-Pulver bestäuben und etwas Kardamom aus der Mühle darübermahlen.

Tipp

Der Pharisäer ist eine friesische Spezialität, die auch in österreichischen Kaffeehäusern anzutreffen ist. Typisch ist dabei, wirklich starken Kaffee und mindestens 4 cl Rum zu verwenden. Üblicherweise wird der Pharisäer in einer Henkeltasse ohne Strohhalm und sogar ohne Löffel serviert, man trinkt ihn durch das Sahnehäubchen hindurch. Deshalb ist es besonders wichtig, dass der Zucker im Rum vollständig aufgelöst ist, bevor man den Kaffee aufgießt.

Eis-Chai

4 PERSONEN
FÜR DEN SIRUP (CA. 300 ML)

300 g brauner Zucker
50 g Yogi-Tee oder Bengalischer Chai (aus dem Teeladen; ersatzweise Gewürztee mit Zimt, Süßholz, Ingwer und Kardamom)

AUSSERDEM

800 ml kalte Milch
Eiswürfel

1 Für den Chai-Sirup 400 ml Wasser und den braunen Zucker in einen Topf geben, aufkochen und etwa 10 Minuten einköcheln lassen. Nach 5 Minuten den Yogi-Tee oder Bengalischen Chai dazugeben.

2 Eine kleine Flasche (etwa 300 ml Inhalt) mit kochend heißem Wasser sterilisieren. Den Sirup durch ein Sieb gießen, in die Flasche füllen und gut verschließen. Bei Zimmertemperatur hält er sich etwa 6 Monate.

3 Die kalte Milch auf vier Gläser (à ca. ¼ l Inhalt) verteilen, jeweils 2 bis 3 EL Chai-Sirup hineinrühren und einige Eiswürfel dazugeben. Den Eis-Chai sofort servieren.

Feuerzangenbowle

CA. 1 LITER (4 TASSEN)

FÜR DIE BOWLE

1 Flasche Rotwein (¾ l)
50 g Zucker
Saft von 1 Orange
1 Streifen unbehandelte Orangenschale
5 Scheiben Ingwer
1 Zimtstange
2 Gewürznelken
1 aufgeschlitzte Vanilleschote
¼ l kräftiger Schwarztee
2 cl Orangenlikör (z. B. Grand Marnier)
2 cl Mandellikör (z. B. Amaretto)

ZUM FLAMBIEREN

1 Zuckerhut
4 EL brauner Rum (54 %)
4 EL brauner Rum (80 %)

1 Für die Bowle den Wein mit Zucker, Orangensaft, Orangenschale, Ingwer, Zimt, Nelken und Vanilleschote in einem Topf erhitzen. Tee und beide Liköre hinzufügen und noch einige Minuten ziehen lassen. Dann die ganzen Gewürze wieder entfernen.

2 Zum Flambieren die Bowle in das vorgesehene feuerfeste Gefäß (auf einem Stövchen) gießen, die Feuerzange auflegen und den Zuckerhut daraufsetzen. Beide Rumsorten mischen, den Zuckerhut zuerst nur mit der Hälfte der Rummischung beträufeln und mit einem Streichholz vorsichtig anzünden.

3 Anschließend nach und nach die übrige Rummischung vorsichtig über den Zuckerhut träufeln. (Achtung: Wird bei großen Zuckerhüten Rum nachgegossen, nie direkt aus der Flasche, sondern am besten immer mit einer Kelle gießen!)

4 Sobald die Rummischung vollständig aufgebraucht und der Zuckerhut weitgehend geschmolzen ist, die Bowle verrühren und möglichst heiß in passenden hitzebeständigen Gläsern servieren.

Tipp

Zur Bowle passen sehr gut Blätterteigstangen mit Gewürzen. Für etwa 40 Stück den Backofen auf 180 °C vorheizen. Ein Backblech mit Backpapier belegen.

1 Rolle Blätterteig (275 g; aus dem Kühlregal) auf der leicht bemehlten Arbeitsfläche ausbreiten, zuerst längs halbieren, dann jede Hälfte quer in 1½ bis 2 cm breite und 10 bis 20 cm lange Streifen schneiden.

Die Streifen jeweils mehrmals in sich verdrehen und mit etwas Abstand nebeneinander auf das Blech setzen, dabei die Enden etwas andrücken, damit sich die Streifen nicht zurückdrehen.

2 Eigelbe mit 2 EL Sahne verquirlen und die Stangen damit dünn bestreichen. Jeweils ein Drittel der Stangen mit 1 EL hell-dunklem Sesamsamen-Mix, 1 bis 2 TL milden Chiliflocken oder 1 EL Fenchelsamen bestreuen. Zuletzt alle Stangen mit etwas Fleur de Sel bestreuen und im Ofen auf der mittleren Schiene etwa 10 Minuten backen. Herausnehmen und warm oder kalt servieren.

Wichtig: Blätterteig sollte immer möglichst kühl verarbeitet werden. Daher bei warmer Raumtemperatur am besten das Arbeitsbrett vorher im Tiefkühler oder Kühlschrank kühlen.

Prickelnde Genüsse

An Silvester sind die Deutschen fast schon ein bisserl langweilig. Punkt 12 Uhr mit einem Glas anstoßen, vielleicht noch Feuerwerk schauen. Das war's. Da geht es woanders schon mehr ab. In Italien tragen die Damen zum Beispiel nur rote Unterwäsche. Die Argentinier zerreißen ihre alten Unterlagen und werfen sie als Papierschnitzel aus dem Fenster. Aber die ärmsten Teufel sind die Japaner. Die müssen erst einen kompletten Hausputz erledigen. Dann schlägt die Glocke genau 108 Mal, um die 108 Übel des Jahres zu vertreiben. Und erst dann gibt es prickelnde Genüsse. Das Jahr fängt ja schon gut an!

Der Klangkäse

Mit Musik geht ja bekanntlich vieles besser. Nicht nur an Silvester. Aber wirklich alles? Angeblich geben Kühe mehr Milch, wenn sie im Stall beschallt werden. Das haben britische Forscher herausgefunden. Drei Prozent mehr Milch bei Beethovens Pastorale, so das Ergebnis. Jetzt haben die Schweizer mit Emmentaler einen ähnlichen Versuch gemacht. Dabei wurden mehrere Laibe separat und sechs Monate mit unterschiedlicher Musik bespielt. Das Urteil der Jury: Jeder Emmentaler schmeckt anders, am besten der Hip-Hop-Käse. Er war milder und blumiger. Nach diesem Ergebnis gingen beim Produzenten schlagartig erste Bestellungen für den Klangkäse ein – von AC/DC bis hin zum Blues.

Wenn es 13 schlägt, dann ist Silvester auf alle Fälle vorbei.

Silvester an Weihnachten

Wenn Weihnachten und Ostern auf einen Tag fallen. Wer das sagt, will zum Ausdruck bringen, dass etwas nie eintreten wird. Weihnachten und Silvester hingegen fielen tatsächlich schon mal auf einen Tag. Schuld waren unterschiedliche Auffassungen kirchlicher Würdenträger und der ungenaue julianische Kalender. Papst Gregor beseitigte 1582 das Chaos und legte das Jahresende auf den 31. Dezember.

Wein auf Bier

Das ist doch fast jedem schon passiert. Am Abend ein Glaserl zu viel und am nächsten Tag stand er da vor dem Bett: der große Kater mit jeder Menge Katzenjammer. Viele meinen, es läge an der Reihenfolge. Also Bier auf Wein, das lass sein. Aber stimmt das wirklich? Dieser Frage ist ein deutscher Forscher an der Cambridge University nachgegangen. Nach wissenschaftlichen Kriterien mussten sich zwei Gruppen betrinken. Die eine erst mit Wein und dann mit Bier. Die andere erst mit Bier und dann mit Wein. Das eindeutige Ergebnis: Es macht keinen Unterschied. Verkatert ist nur der, der zu viel trinkt. Der Spruch hat eher etwas mit sozialem Auf- und Abstieg zu tun. Wenn man es vom billigen Bier zum Wein geschafft hatte, war man wer. Und wenn man vom Wein auf Bier umsteigen musste, ging es wieder abwärts.

H

J

K

L

M

COCKTAILS & DRINKS

Wegweiser zur Sendung

FOLGE 1 – MESSER UND GABEL
GESCHICHTEN DAZU AUF S. 16/17

FOLGE 2 – SALZ UND PFEFFER
GESCHICHTEN DAZU AUF S. 46/47

FOLGE 3 – LIEBE GEHT DURCH DEN MAGEN
GESCHICHTEN DAZU AUF S. 114/115

FOLGE 4 – UNSER TÄGLICH BROT
GESCHICHTEN DAZU AUF S. 10/11

FOLGE 5 – BAYERN UND DIE WELT
GESCHICHTEN DAZU AUF S. 30/31

FOLGE 6 – SCHLARAFFENLAND
GESCHICHTEN DAZU AUF S. 52/53

FOLGE 7 – FASTEN MIT GENUSS
GESCHICHTEN DAZU AUF S. 80/81

FOLGE 8 – WELT DER GEWÜRZE
GESCHICHTEN DAZU AUF S. 62/63

FOLGE 9 – SCHOKOLADE
GESCHICHTEN DAZU AUF S. 96/97

FOLGE 10 – HERZHAFT UND SÜSS
GESCHICHTEN DAZU AUF S. 108/109

FOLGE 11 – EINFACH FESTLICH
GESCHICHTEN DAZU AUF S. 22/23

FOLGE 12 – PRICKELNDE GENÜSSE
GESCHICHTEN DAZU AUF S. 128/129

Impressum

© 2019 ZS Verlag GmbH
Kaiserstraße 14 b
D-80801 München

ISBN 978-3-89883-972-3
1. Auflage 2019

Projektleitung: Alexandra Gudzent
Rezeptküche: Monika Reiter
Redaktionelle Mitarbeit & Lektorat: Kathrin Gritschneder
Vorwort & Texte: Rudolf Bögel
Grafisches Konzept & grafische Gestaltung: Irene Schulz
Fotografie: Mathias Neubauer
Foodstyling: Andreas Neubauer
Porträtfotos: Benedikt Roth
Herstellung: Frank Jansen
Producing: Jan Russok
Druck und Bindung: optimal media GmbH, Röbel

Kurze Wege schonen die Umwelt
Dieses Buch wurde in Deutschland gedruckt

In Zusammenarbeit mit dem BR Fernsehen in Lizenz durch die BRmedia Service GmbH

Im Buch enthaltene Fotos können zur eigenen Nutzung erworben werden unter www.stockfood.com

Die ZS Verlag GmbH ist ein Unternehmen der Edel SE & Co. KGaA, Hamburg.
www.zsverlag.de | www.facebook.com/zsverlag

© Benedikt Roth

ALFONS SCHUHBECK

Der Meisterkoch, Autor und Unternehmer ist ein wahres Multitalent. In seinen Lehr- und Wanderjahren hat er seinen Horizont in Genf erweitert, in den Schmelztiegel Paris hineingeschnuppert und das Asien-geprägte London erkundet. Und von dort ein großes Wissen über Aromen und Gewürze mitgebracht, die seiner bayerischen Küche etwas Besonderes geben.

Willkommen bei Alfons Schuhbeck!

Alfons Schuhbecks Sternerestaurant „Alfons" liegt am historischen Platzl, im Herzen von München. Hier finden Sie auch seine Restaurants „Südtiroler Stuben" sowie das „Orlando", seinen Eissalon, seinen Gewürz- und Teeladen. Die Produkte von Alfons Schuhbeck können Sie bequem im Online-Shop bestellen. Weitere Informationen erhalten Sie im Internet, telefonisch oder persönlich am Platzl.

Schuhbecks | Platzl 2 | 80331 München
Tel.: 089 / 21 66 90 - 0
www.schuhbeck.de
www.schuhbeck-gewuerze.de